해외 창업
길라잡이

– 홍콩편 –

✻본 서적의 내용은 홍콩 비즈니스 시작을 위한 범용정보의 전달 목적이며, 상세한 내용에 대한 학술적,
법적 내용을 전달하는 것이 아닙니다. 따라서 모든 업무를 진행하실 때에는 반드시 전문가의 조언을
받고 진행을 하시기 바랍니다.

해외 창업 길라잡이 -홍콩편-

지은이 · 아토즈 홍콩 컨설팅 | **펴낸이** · 오광수 외 1인 | **펴낸곳** · **새론북스**
편집 · 김창숙, 박희진 | **마케팅** · 김진용
주소 · 서울시 용산구 백범로 90길 74, 대우이안 오피스텔 103동 1005호
TEL · (02) 3275-1339 | **FAX** · (02) 3275-1340 | **출판등록** · 제 2016-000037호

jinsungok@empal.com

초판 1쇄 인쇄일 · 2017년 11월 20일 | **초판 1쇄 발행일** · 2017년 11월 27일

ⓒ 새론북스
ISBN 978—89—93536—51—5 (03320)

*도서출판 꿈과희망은 새론북스의 계열사입니다.
*책값은 뒤표지에 있습니다. 잘못된 책은 바꾸어 드립니다.

✻BIR51 및 이 책에 포함된 모든 세무신고서, 세무국 게시 양식의 저작권은
홍콩 세무국(INLAND REVENUE DEPARTMENT)에 있습니다.

해외 창업 길라잡이

세계 금융의 중심지인 홍콩에서의 창업 성공하기

홍콩편

HONG KONG

아토즈 홍콩 컨설팅

새론북스

홍콩은 여행 오시는 분들에게는 쇼핑의 천국, 미각의 천국으로 알려져 있지만, 사업적인 측면에서는 아시아의 금융 중심, 중계무역도시, 물류의 중심지, 중국 진출의 관문으로서 세계에서 가장 비즈니스 하기에 적합한 도시로 인정받고 있습니다.

종합상사의 관리부서에서 외환, 원가, 해외관리업무를 경험하고, 홍콩과 중국에서의 경험을 바탕으로 컨설팅 업에 종사한 지 약 13년이 되어 갑니다. 아토즈 홍콩 컨설팅을 통하여 홍콩에서의 법인설립과 운영에 대한 컨설팅을 진행한 지 약 7년이 되었습니다. 전 세계 다양한 국가에서 사업을 하고 계시는 고객들과 만나고, 고객들의 사업에 맞는 자문을 드리며 아토즈 홍콩 컨설팅은 고객과 함께 성장하여 왔습니다.

홍콩에 진출하는 많은 고객들을 만나면서 본인들의 사업영역에 대해서는 많은 지식, 경험을 축적하고 있으나 홍콩의 법률이나 세무에 대한 이해는 충분히 가지고 있지 못한 채 이미 홍콩에서 회사를 운영하고 있는 지인의 조언이나 인터넷상의 단편적인 정보에 기반하여 진출을 결정한 후 많은 시행착오를 겪으며 시간과 기회비용을 지불하는 모습을 보며, 홍콩진출기업에 법인설립, 세무, 생활 등 전반적인 홍콩 사업에 대한 안내서의 필요성을 느끼게 되었습니다.

이 홍콩 해외창업 길라잡이는 그 동안의 홍콩에서의 컨설팅 경험을 정리하여 이미 진출한 기업이나 진출을 계획하는 기업들에게 저희의 컨설팅 경험을 공유하므로서 홍콩에서 안정적인 비즈니스를 진행하는 것을 목적으로 하고 있습니다.

비록 적은 지면에 광범위한 내용을 정리하므로서 좀 더 세부적인 안내를 드리지 못하는 아쉬움이 있기는 하지만, 홍콩에 진출하는 분들이 홍콩에서의 사업과 생활의 전반적인 이해를 드리는 데 주력하였습니다.

이 책을 통하여 많은 분들의 홍콩사업에 대한 이해에 도움이 되기 바랍니다.

현재 저희 아토즈 컨설팅 그룹의 회계사, 변호사들이 현재 홍콩본사를 중심으로 싱가포르 지사와 베트남 지사에서 한국 사업가들의 사업을 도와드리고 있습니다. 가까운 시일에 실제적인 경영컨설팅을 제공해드릴 수 있는 기회가 생겼으면 합니다.

이 책을 준비하며 회사로서는 직원들이 가지고 있는 지식과 경험을 공유할 수 있었고, 일반적인 지식을 심화하는 소중한 경험이 되었습니다. Company Secretary 부서의 이승민 차장, 신철민 과장, Accounting 부서의 윤호수 회계사가 중요한 역할을 해주었습니다. 지금은 회사를 떠났지만 회사설립 초기에 합류하여 회사의 성장에 많은 도움을 준 김동욱 과장과 이정란 대리에게도 이 지면을 빌어 감사드립니다. 마지막으로 저희의 경험을 공유할 수 있도록 소중한 책을 엮어 주신 새론북스 출판사에도 감사의 말씀 드립니다.

아토즈 홍콩 컨설팅 대표

한 규 성

• 차 례 •

chapter **1**

홍콩이란?

홍차장은 중국 사업을 위해서 중국 출장을 간 적은 있었지만 홍콩은 한 번도 출장을 가본 적이 없었다. 여행을 가거나 스톱오버를 위해서 몇 번 다녀온 게 전부였다. 홍콩에서 주재원으로 새로운 회사를 세팅해야 한다는 생각에서 새로운 도전에 가슴이 두근거리고 있다. 우선 홍콩이 어떤 곳인지를 먼저 찾아보고자 각종 인터넷 사이트와 관련된 책들을 읽어보기 시작하였다.

홍콩이란?

제1절_ 홍콩의 개요

1. 지리, 교통, 기후

홍콩의 정식명칭은 '중화인민공화국 홍콩 특별 행정구(中華人民共和國 香港特別行政區/Hong Kong Special Administrative Region)'이며, 서울에서 항공편으로 약 4시간 정도 거리의 광동성(廣東省) 남단의 주강 삼각지대 하구에 위치하고 있다. 옛날부터 광동성 동관(東莞) 일대의 벌목장에서 벌목된 향목의 집적지였던 관계로 香港(향항)이라고 불리게 되었다. 면적은 약 1,104km²로 서울 면적의 약 1.8배의 넓이이며, 중국 전체 면적에서는 약 8,400분의 1 정도의 면적을 차지하고 있다. 홍콩섬, 구룡반도, 신계 및 남중국해 부속도서 약 235개로 구성된다. 지형은 전체적으로 산이 주를 이루고 있으며, 바닷가는 주로 습한지대이며 평지가 매우 좁은 관계로 고층빌딩이 밀집된 홍콩의 이미지가 자연스럽게 형성되었다.

교통은 매우 편리하며 홍콩 공항에 내린 다음 대중 교통편(지하철, AEL, 버스)으로 홍콩 각지로 이동할 수 있으며, 택시비도 선진국 중에서는 싼 편에 속한다. 페리나 노면전차(Tram)도 다니고 있어 홍콩의 관광산업에서 주요한 역할을 하고 있으며, 생활 속에서도 꼭 필요한 교통수단이다.

기후는 아열대성 기후라는 이미지가 강하나, 여름에는 덥고 습하며, 겨울에는 비가 적고 건조한 기후이다. 봄부터 가을에 걸쳐서는 열대성 저기압과 계절풍의 영향을 받아서 고온다습한 기후이며, 겨울에는 따뜻하며 건조한 기후이다. 특히 여름철(5~9월)은 온도 30℃와 습도 90% 이상인 날이 계속되는 관계로 집의 옷장에 입던 옷을 그냥 걸어둘 경우에는 하루 만에 곰팡이가 생기기도 한다. 그래서 주로 가정에서도 제습기를 이용하는 것이 일상화되어 있으며 홍콩 생활에서는 필수품이기도 하다. 여름부터 가을에 걸쳐서는 비가 자주 내리며 태풍도 자주 오는 편이다. 태풍 경보가 8 이상이 발령될 경우, 대부분의 회사 및 교통기관의 업무가 정지되며 한국계 업체들도 현지규정에 따라서 쉬는 경우가 대부분이다.

2. 인구, 언어, 종교

인구는 2016년 기준으로 약 738만 명[1]이며, 인종별로 구분할 경우 화인(華人)으로 불리는 중국계가 95%를 차지하고 있고, 필리핀, 인도네시아, 미국, 영국계 순으로 구성되고 있으며, 한국인은 대략 12,650명 (영주권자 포함, 2015년 기준[2]) 정도가 거주하고 있다. 거주지는 홍콩섬 북쪽 지역과 구룡반도의 평지에 집중되어 있는데 두 지역의 면적을 전부 합산하더라도 홍콩 전체면적의 12%밖에 되지 않는 지역에 전체인구의 절반 이상이 거주하고 있다. 따라서 인구밀도가 세계에서 가장 높은 지역이다.

---

1) 홍콩정부통계처
2) 주홍콩 한국 영사관

공용어는 영어 및 중국어이다. 가장 많이 사용되는 언어는 중국 광동성의 방언인 광동어(廣東語)지만, 비즈니스나 공공기관에서는 영어와 만다린(官話, 普通話)도 사용된다. 이민이 많은 지역인 관계로 이외에도 중국의 방언인 복건어(福建語), 조주어(潮州語), 상해어(上海語), 객가어(客家語) 등도 사용되고 있다. 1997년 7월 1일 홍콩의 중국 반환을 계기로 영어와 중국어를 읽고 쓰면서, 영어, 만다린 및 광동어를 말할 수 있도록 하는 교육방침에 따라서 초등학교부터 만다린을 학습하는 커리큘럼이 생기고 만다린을 유창하게 말할 수 있는 젊은층이 늘어나고 있다. 반면 아직은 아시아권에서 높은 수준이기는 하나 전체적인 사회의 영어 수준이 떨어지고 있다는 우려도 나타나고 있다.

종교는 옛날부터 중국의 대표적인 종교인 불교와 도교가 주로 보급되어 있으나 영국 식민지 경험으로 기독교 신자도 많은 편이다. 이외에도 인도, 파키스탄, 중동에서 온 이민자가 많은 관계로 힌두교나 이슬람교 신자도 있으며, 종교의 자유는 잘 지켜지고 있는 편이다. 석가 탄신일을 경축하면서 예수 부활절을 축하하는 등 무종교적인 측면이 강한 것이 현실이다.

3. 법률, 경제, 통화

중국본토와는 달리 영국 식민지였던 홍콩은 영연방 시대부터 150년 이상 장기간에 걸쳐서 시행된 보통법(Common Law)에 따라 왔으며 '홍콩 특별 행정구 기본법'에 따라서 사법제도를 현재도 유지하고 있다. 이에 중국본토의 법률은 특별한 단서가 없는 한 홍콩에는 적용되지 않는다. 원래 최종심 판결은 영국의 런던에서 이루어졌으나, 중국으로 반환된

후 영국에 최종심을 요청할 수 없게 되면서 현재는 종심법원(終審法院)을 한국의 대법원에 해당하는 최종 법원으로 하고 있다. 이외에도 고등법원(高等法院), 구역법원(區域法院), 재판법원(裁判法院) 등이 있으며 삼심제로 구성되어 있다. 법조문 해석이 행정절차나 판결에 영향을 미칠 것으로 판단될 경우에는 종심법원이 판결을 내리기 전에 중국 전인대 상무위원회에 해당 조문의 해석을 요청하도록 되어 있으나 상거래나 자본거래 등에 악영향을 미치는 간섭은 없는 것으로 보인다.

경제적으로는 영국의 대 중국무역의 거점이었던 관계로 중계무역이 활발하였으나 1949년에 중국 공산당에 의한 중화인민공화국이 성립되면서 이에 대한 반발로 중국본토에서부터 이민자들이 홍콩으로 대거 유입되었다. 이 무렵부터 섬유산업이나 플라스틱 가공업 등 경공업의 중심지로서 발전하기 시작하였다. 광동성의 조주(潮州)에서 태어난 리카싱(李嘉誠)이 일본군의 침략으로 교사직을 잃은 아버지를 따라서 홍콩으로 건너와 궁핍한 어린시절을 거친 다음 스스로 제조기계를 개발하여 '홍콩 플라워'라는 플라스틱 조화를 세계적으로 히트시킨 일은 유명한 일화이다. 이후 현재도 리카싱은 홍콩의 최고 부자의 위치를 지키고 있다.

자유방임주의 하에서 경제활동이 이루어지고 발전을 해왔으나 1970년대에 들어서 홍콩정부는 기본방침을 심각한 경제상황하에서만 개입을 한다는 적극적 불개입으로 경제정책 방향을 수정하고 대규모 주택단지 개발, MTR(지하철) 건설 등의 인프라 정비, 9년간 의무교육의 무료화 등의 정책을 시행하여 홍콩경제의 급격한 발전을 이루었다. 그러나 80년대 초까지는 삶의 질의 향상을 이루었으나 그 반면에 인건비 상승, 공업용지 부족 등의 문제에 직면하기 시작했다. 이때 마오쩌둥(모택

동) 시대의 대약진 정책, 문화대혁명이 실패로 끝난 중국에서는 덩샤오핑(등소평)에 의한 개혁개방정책을 반영하여, 종래의 제조업은 광동성의 심천, 동관을 시작으로 주강 삼각지대로 서서히 이동하고 있었다. 이러한 흐름이 현재의 국제금융센터, 자유무역항으로 전환하여 발전하는 계기가 되었다.

1997년 7월 1일 중국 반환 이후에도 홍콩의 금융 시스템 및 관세 시스템은 일국양체제(一國兩體制)하에서 중국과는 완전히 분리되어 50년간 불변한다는 홍콩의 정치경제체재하에서 국제 금융 중심, 아시아 무역 중계기지로서 외국기업이 중국이나 아시아에서 비즈니스를 전개하는 거점 및 중국기업에 있어서는 자금조달의 장소로 변화하면서 경제적으로 중요한 역할을 담당하게 되었다. 특히 중국본토에 대한 의존도가 급속도로 높아지면서 2002년 중국이 WTO에 가입한 다음 해에 중국과 홍콩 사이에 CEPA(經濟貿易緊密化協定)가 조인되었고 그 이후로도 계속하여 보완 협정이 체결 및 시행되면서 일부 홍콩 생산제품에 대한 관세 폐지, 두 곳의 서비스 산업 분야의 개방 및 확충이 이루어지고 있다.

고도로 정비된 법질서와 세금에 대한 우대조치, 풍부한 영어 사용인구로 대변되는 높은 수준의 교육제도, 아시아의 중심에 위치한 지리적 우위성 등으로 인하여 많은 서양 기업들이 중국이나 한국, 일본을 포함하는 아시아 지역을 관할하는 아시아 지역본부를 홍콩에 설치하고 있다. 이로 인하여 사무실이나 주택 임대료가 세계에서 가장 높은 지역 중 하나로 손꼽힌다. 물가 또한 최고수준이다. 2017년 세계은행과 국제금융공사(IFC)가 발표한 기업 비즈니스 환경을 조사대상으로 한 비즈니스 환경 순위에서 홍콩은 4위로 계속해서 높은 순위를 유지하고 있다.

아시아에서도 손에 꼽히는 증권거래소인 홍콩 증권거래소에서 거래되는 종목 가운데 우량 50개 사(2017년 9월 기준)의 시가를 가중평균치로 계산한 항셍지수는 2007년 10월에 32,000포인트까지 상승했으며, 이후 국제금융 위기 등을 거쳐서 최근(2016년)에도 지속적인 회복세를 보이고 있다. 이로 인하여 인플레 현상으로 시민들의 생활에도 영향을 미치고 있다. 계속적으로 세계의 자금이 홍콩으로 모이고 있었으나 서브프라임 모기지 사태와 리먼 브러더스 사태를 거치면서 전 세계적인 주가 폭락의 영향이 홍콩에도 미쳐서 2009년 초에는 항셍지수가 11,000포인트 대까지 떨어지면서 홍콩의 부동산 사업에도 큰 영향을 끼쳐 기업의 도산, 직원 해고가 이루어진 시기가 있었다. 2009년 후반부터 중국 정부의 적극적인 개입과 세계적인 회복세의 영향을 받아서 회복의 기미가 있으나 아직까지 과거의 활기를 되찾지는 못한 상황이다.

일국양체제(一國兩體制)하의 홍콩에서는 중국 위안화(CNY) 대신 영국 식민지 시대부터 사용해 오던 홍콩 달러(HKD)를 계속해서 사용해 오고 있으며, 미국 달러(USD)와 페그제(한 국가의 통화가치를 다른 국가의 통화에 연결하는 환율제도)로 묶여 있다. 최근에는 미국 달러 환율의 상하한을 정하여 벗어날 경우에는 정부가 개입을 하는 형태로 운영하면서 환율을 유지하고 있다. 금리에 있어서는 미국의 금리동향에 크게 영향을 받으며, 미국에서 금리변경 시에는 즉각 동일하게 적용을 하고 있다. 홍콩 달러는 홍콩 상하이 은행(HSBC), 스탠다드차타드(SC), 중국은행(BOC)의 세 곳의 은행에서 발행되고 있다. 이외에 동전과 10달러 지폐는 홍콩 금융 관리국에서 조폐, 발행하고 있다.

4. 고층빌딩의 도시

'100만 달러의 야경'이라는 단어와 함께 바닷가에 늘어선 마천루가 홍콩을 대표하는 이미지를 구성한다. 실제로 미국 뉴욕에 이어서 초고층 빌딩의 집적률이 높은 도시이다. 1980년대 공업 중심에서 금융센터, 자유무역항으로 발전함과 동시에 사무실과 주택의 수요가 많아지면 홍콩섬 뿐만 아니라 구룡반도, 신계, 란타우 섬까지도 대량으로 초고층빌딩들이 건설되기 시작하였다. 센트럴의 쟈딘 하우스(52층, 178.5m)가 1972년에 준공되었고, 1985년에는 홍콩 상하이 은행 본점(44층, 178.8m)이 들어섰으며, 애드미럴티 지역에는 1988년에 리포 센터(48층, 186m) 등의 랜드마크 건물들이 계속해서 들어섰다.

1990년에는 센트럴에 중국은행 빌딩(70층, 367.4m)이 아시에서는 처음으로 300m를 넘어서는 고층건물로 세워졌다. 이외에도 완차이의 센트럴 플라자(78층, 374m), 더 센터(73층, 346m)가 들어섰으며, 2003년에는 국제 금융센터(IFC) 2기(88층, 415.8m)가 완성되면서 400m 시대에 돌입하였다. 그리고 2010년에 구룡반도 서쪽에 환구무역광장(ICC)(108층, 484m)이 완성되면서 홍콩에서 가장 높은 빌딩으로 기록되었다.

환경과 산업의 변화, 발전에 따라서 고층빌딩의 수요가 높아지면서 현재의 마천루가 완성되었다.

관광지로서 홍콩을 들른 적이 있던 **홍차장**은 홍콩이라는 도시에 대해서 찾아보면서 왜 현재와 같은 형태의 홍콩이 만들어졌는지를 알게 되었다. 관광지가 아닌 사업 후보지로서의 홍콩에 대해서 깊이 있게 알아봐야 할 필요성을 느끼게 되었다. 중국 사업을 위해서 중국을 몇 번 방문한 적이 있었는데 홍콩의 배경을 알게 될수록 전혀 다른 지역이라는 느낌을 받게 되었고 앞으로의 사업전개를 어떻게 해나가야 할지를 고민해야 할 것 같다는 생각이 들었다.

chapter 2

홍콩회사 설립

우선 회사를 지사로 설립할지 자회사 형태의 단독 법인으로 설립할지가 고민인 **홍차장**. 중국에는 예전에 연락 사무소부터 설치해서 법인으로 전환했다는 중국법인 선배의 조언으로 자료를 찾아봐도 중국과 홍콩, 한국 모두 법이 상이하여 더욱 혼란스러운 홍차장. 전문가의 조언을 받는 것이 좋겠다는 생각에 회사 설립 절차부터 아토즈 홍콩 컨설팅의 조언을 받기로 하였다.

홍콩회사 설립

제1절_ 진출형태의 결정

1. 회사의 종류와 차이점 비교

홍콩에 진출하는 경우에 우선 진출 목적, 사업 내용 등을 감안하여 회사의 형태를 결정하는 것이 일반적이다. 법인, 지사, 연락 사무소의 세 가지 형태 가운데서 선택을 할 수 있으며, 사업 목적과 사업 내용을 감안하여 진출형태를 결정하는 것이 일반적이다.

아래 표는 세 가지 회사 형태를 간략화하여 알기 쉽게 정리한 내용이다. 다음 절에서 각 형태별로 좀 더 상세한 설립절차와 주의점에 대해서 설명할 것이다.

구분	법인	지사	연락 사무소
장점	법인세 저세율(16.5%) 신속한 의사결정 가능	홍콩에서 발생한 손실은 본사의 수익으로 상계 가능 본사에 의한 관리운영	절차가 간단함
영업활동	가능	가능	불가능(시장조사, 정보수집)
회사 등기	필요	필요	불필요
영업 등기	필요	필요	필요
회계	홍콩 회계기준에 따라서 결산 필요	본사의 회계방침에 따라서 결산	간이 재무제표 작성
감사	필요	필요	불필요

	매년 사업소득세의 신고 및 납세	매년 사업소득세의 신고 및 납세	영업활동을 하지 않으므로 원칙상 과세는 발생하지 않음 단, 비정기적으로 신고서 제출 요구받음
세무			
세무 상의 손실	이월 가능하여 미래의 이익과 상계 가능	홍콩 지점의 손실은 본사의 이익과 상계가능	
회사 실적 공표	기업등록국 등기 사항 공개 단, 재무제표는 공개하지 않음	기업 등록국에 등록된 본사의 등기 사항 공개 본사 재무제표가 공개 대상일 경우에는 공개됨	

제2절_ 연락 사무소

해외에 합법적으로 설립된 회사가 정보수집, 시장조사 등의 목적으로 한 연락 사무소를 홍콩에 설립하는 형태이다.

연락 사무소는 영업활동이 불가능하며, 기업 등록국에 등기할 필요가 없으나 세무국에 '사업자 등록증(Business Registration Certificate)'의 등록이 필요하며 매년 갱신을 해야 할 의무가 있다.

연락 사무소의 장점은 법인, 지사에 비교하면 설립과 폐쇄 수속이 간단하며, 사업자 등록증을 갱신하면 되므로 유지관리가 비교적 쉽다는 점이 있다. 홍콩 연락 사무소의 운영비용은 영업활동이 불가능하므로 반드시 본사에서 부담해야 한다. 피고용인의 고용도 가능하다. 회계 감사를 받을 필요는 없으며, 영업이 불가능하여 사업 소득세는 원칙상 과세되지 않으나, 몇 년에 한 번 법인세 신고서가 세무국에서 발행될 경우에만 대응을 하면 된다.

1. 연락 사무소 설립 절차

1) 본사의 법인 등기부 등본을 발급받은 다음 영문으로 번역공증을 받는다.
2) 연락 사무소 설치에 관한 신청서를 작성한 다음 본사의 이사가 사인을 한다.
3) 홍콩 세무국 상업 등기서에 신청서를 제출한다.
4) 당일, 사업자 등록증을 발급한다.
5) 계좌개설, 사무소 임대, 직원 채용, 비자 신청 등을 진행한다.

2. 연락 사무소 설립 이후 운영

시장조사, 정보수집 등의 연락활동만 가능한 연락 사무소는 기업 등록국(Companies Registry)에 등기를 할 필요가 없으므로, 매년 사업자 등록증의 갱신만을 세무국에 하면 된다. 보통 갱신기일의 1개월 전에 등록된 주소로 다음 년도의 사업자 등록증이 우송되면, 기일까지 갱신 수수료를 납부하기만 하면 된다.

연락 사무소의 사업자 등록증상에 업종이 Representative Office로 표시되는 관계로 사업자 등록증을 보면 알기가 쉽다. 또한 은행 계좌개설 시 은행에서는 일반 회사의 계좌개설과 동일한 절차를 밟는 것이 일반적이나 영업활동이 불가능한 형태이므로 은행 계좌의 입출금 내역을 은행에서도 관심 있게 보는 것이 일반적이며, 계좌의 입출금 내역을 통하여 영업활동이 있는 것으로 보일 경우에는 최악의 경우에 계좌를 폐쇄하는 경우도 있으므로 영업활동을 할 수 없다는 부분에 대해서 반드시 주의를 해야 한다.

제3절_ 외국법인의 홍콩 지사(Branch Office)

해외에 합법적으로 등기된 기업이 그 기업의 지사를 홍콩에 등기하는 형태이다.

홍콩 지사는 영업활동이 가능하다. 설립 시에는 기업 등록국(Companies Registry) 및 세무국 상업등기서에 사업자 등록증 등기가 필요하다.

등기 신청을 위해서는 본사의 정관, 등기부 등본, 최근 감사보고서의 서류를 영어 혹은 중국어로 번역공증을 받아서 기업 등록국에 제출해야 하며, 홍콩에 주소를 가지고 있는 홍콩지점의 지점 대표자(Authorized Representative)를 같이 등기해야 한다. 그리고 홍콩 지사가 등기된 일자를 기준으로 매년 연차 보고서(Annual Return)라는 등기부의 갱신과 본사의 재무제표(영어 혹은 중국어 번역공증본)의 등기 갱신의 의무를 지게 되나 회계 감사의 실시는 법적으로 강제하지 않으며 본사의 설립국가의 기준에 따라서 동일하게 적용된다.[3] 또한 영업 현황에 따라서는 홍콩 세무국으로부터 회계 감사의 요구를 받게 되는 경우도 있다.

---

3) 한국법인이 외감법에 따라서 감사보고서를 작성해야 하는 경우, 홍콩 지사의 연차 보고서 제출 시 감사보고서를 함께 제출하여야 하며, 만일 한국법인이 감사보고서 작성 대상이 아닐 경우, 연차 보고서 제출 시 감사보고서 제출이 면제된다.

지사의 장점은 홍콩 지사의 손익은 본사 소득에 합산되는 관계로 진출 초기에 손실이 발생할 것으로 예상되는 경우에는 해당 손실이 본사의 이익과 상계되는 점을 들 수 있다.

지사의 단점은 기업 등록국에 매년 본사의 정관, 등기부, 결산 재무제표의 번역 공증본의 등기갱신 의무를 지게 되므로, 번역 공증 등의 절차를 밟아야 한다는 점이다. 지사의 채무에 대해서는 본사가 채무이행 책임을 지게 된다. 지사 폐쇄 시에는 폐쇄 등기일로부터 1년간 홍콩 지사 대표자의 등기를 남겨야 할 필요가 있다.

1. 지사 설립 순서

1) 본사 관련 다음의 서류들을 준비하여 영문번역 공증을 받는다.

   a. 본사의 정관

   b. 본사의 법인 등기부 등본

   c. 본사의 이사 명부(이름, 주소, 주민번호/여권번호)

   d. 본사의 결산 재무제표

   e. 본사의 감사보고서(대상일 경우)

   f. 홍콩 지사의 대표자 될 사람의 이름, 홍콩주소, 여권 사본

2) 지사 설립 신청서(NN1)를 작성

3) 2번의 신청서에 홍콩 지사 대표자가 서명

4) 신청서와 본사 관련 번역 공증자료를 기업 등록국에 제출

5) 4번과 동시에 사업자 등록증 신청서(IRBR2)를 작성하여 제출

6) (약 3주 후) 기업 등록국에서 지사 등기 확인증을 발행하면서 동시에 사업자 등록증을 교부

7) 회사 도장(Company Chop) 준비

8) 은행계좌 개설을 위한 서류 준비

9) 은행계좌 개설 진행

10) 사무실 임대 및 주재원 비자 진행

2. 지사 설립 등기 후 지사의 운영

영업 활동에 있어서 특별한 제한은 없으나 사업내용에 따라서는 별도의 라이센스 취득이 필요한 사업도 있을 수 있으므로 주의가 필요하다.

홍콩의 회사법에서는 회계감사의 의무를 지우고 있지는 않으나 홍콩을 원천으로 하는 사업소득이 발생하는 경우에는 매년 사업 소득세의 신고와 납세가 필요하다.

기업 등록국에 대해서는 매년 지사의 설립 등기일로부터 42일 이내에 기업 등록국의 지정 '연차 보고서(Annual Return)NN3'와 '본사의 감사보고서(영문 혹은 중문 번역 공증본)'를 제출하도록 의무를 부과하고 있으며, 42일을 경과할 경우에는 벌금이 부과된다.

본사의 감사보고서가 영어, 중국어 이외의 언어로 작성되었을 경우에는 번역공증을 진행한 다음에 기업 등록국에 제출해야 한다.

세무국 상업 등기서에 대해서는 매년 사업자 등록증의 갱신을 해야한다. 갱신 기일을 넘기거나 무시할 경우에는 벌금이 별도 부과된다.

제4절_ 현지 법인

홍콩 회사법(Companies Ordinance, Cap.622)에 따라서 설립된 회사는 개인이 지는 책임의 정도, 주식 공개의 유무 등에 따라서 달라지며 다음과 같이 분류할 수 있다.

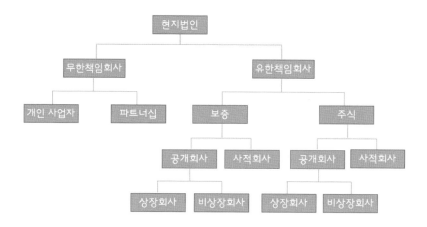

1. 책임의 정도에 따른 회사 분류

1) 무한 책임 회사(Unlimited Company)

무한 책임 회사에 있어서 사원(구성원)은 회사 채무에 대해서 개인적으로 무한 책임을 가진다. 무한 책임 회사에는 다음의 두 가지 형태가 있다.

a. 개인 사업자(Sole Proprietorship)

개인 사업자는 법인격을 가지지 못하고, 개인이 사업주로서 영업활동을 하는 사업형태를 의미한다. 사업주 개인이 개인적으로 무한 책임을 지는 형태이다. 세무국 상업등기서에 영업 등기를 하고 '사업자 등록증'을 발부받는다. 세무 신고를 해야 하지만 회계 감사를 받을 필요는 없다.

b. 파트너십(Partnership)

파트너십은 사업목적을 위해서 모인 파트너의 집합체로서 각 파트너가 파트너십의 채무에 대해서 개인적으로 무한책임을 지는 형태이다.

2) 유한 책임 회사(Limited Company)

유한 책임 회사에 있어서 사업형태는 주식에 따른 유한 책임과 보증에 따른 유한 책임의 2가지 형태가 있으며, 각 사원(구성원)은 각각 출자액과 정관에 정해진 한도액에 대해서만 책임을 진다.

- 주식에 의한 유한 책임 회사(Company Limited by Shares)

각 주주는 출자액을 한도로 하는 책임을 지는 사업형태이다. 한국의 주식회사 개념과 유사하다. 홍콩에 회사를 설립하는 경우 가장 많이 취하는 형태이기도 하다.

- 보증에 의한 유한 책임 회사(Company Limited by Guarantee)

주식에 의한 유한 책임 회사와 달리 각 주주는 각자의 출자액에 상관없이 회사 청산 시에 회사 정관에 정해진 한도액까지만 회사 채무에 대해서 책임을 지는 사업형태이다.

3) 공개 회사와 사적 회사(Public Company와 Private Company)

유한 책임 회사는 주식에 의하든 보증에 의하든 상관없이 공개 회사와 사적 회사로 구분된다. 공개 회사는 다시 상장 회사와 비상장 회사로 분류된다. 공개 회사와 사적 회사의 요건은 다음 표와 같다.

구분	공개 회사	사적 회사
주주 수(구성원 수)	제한 없음	50명 이하
주식의 양도 제한	없음	있음
주식, 사채의 공모	가능	불가능
주주총회 소집통지	신문에 게재	주주에게 통지
결산 보고서 공개	필요	불필요
연차 보고서 작성 제출일	연차 주주총회 개최일	설립 등기일 기일

홍콩에 진출하는 한국계 기업의 대부분은 주식에 의한 유한 책임 회사 형태를 채택하고 있으나, 한국 본사의 규정에 따라서 지사 형태로 설립하는 경우도 있다.

2. 유한 책임 회사 설립에 필요한 정보

1) 회사 이름 결정

영문 이름은 필수이며, 중문 이름은 임의로 선택 가능하다. 영문의 경우 "Limited", 중문의 경우 "有限公司"를 회사명의 끝에 붙이게 된다.

회사명 결정 전 기업 등록국에 유사한 상호가 없는지를 확인해야 한다.

회사명 등록과 상표 등록은 별개 사항으로 상표 등록을 위해서는 지식산업서(Intellectual Property Department)에 별도로 상표등록 절차를 밟아야 한다.

2) 주주의 선정

주주는 최소 1명 이상부터 등기가 가능하다. 주주가 개인이든지 법인이든지는 관여하지 않는다. 또한 국적, 거주국, 나이에 대해서도 제한을 두지 않고 있다.

3) 이사의 선정

이사는 최소 1명 이상부터 등기가 가능하다. 주주가 개인이든지 법인이든지는 관여하지 않지만 법인만으로 구성될 수 없으며, 반드시 개인 이사가 1명 이상 포함되어야 한다. 국적, 거주국에 대해서는 제한은 없지만 이사가 개인인 경우 연령이 반드시 18세 이상일 조건이 있다. 또한, 홍콩에는 한국처럼 '대표 이사'라는 법적인 지위가 존재하지 않으며, 기업 등록국 등기 서류상에서는 모두 동일한 '이사(Director)'로 나타나게 된다.[4]

4) 자본금

설정 가능한 최저 자본금은 HKD1이다. 1명의 주주가, HKD1의 자본금만으로 등기가 가능하다. 2014년 회사법의 개정으로 홍콩 회사법에서 수권자본금 제도가 폐지되면서 현재는 납입자본금만이 규정되어 있으며, 회사 설립 시 회사의 정관에는 납입자본금이 표시되게 되어 있다. 또한 홍콩은 한국, 중국과 달리 설립 등기 이

---

4) 회사 내부적으로 이사회를 통하여 Managing Director, CEO 등 직위를 결정할 수 있으나 내부적으로 결정하는 것으로 법적인 지위를 부여받는 것은 아니다.

전에 출자금 납입증명서를 요구하지 않고 있다.

5) 사업목적

회사 정관에 사업목적을 제한하지 않는 한 기본적으로 어떤 사업이라도 할 수 있다. (단, 금융업, 요식업, 학교, 부동산업, 인재 알선업 등 사업내용에 따라서는 별도 라이센스가 필요한 경우도 있음) 사업자 등록증상에는 주요한 사업내용을 적는 것이 필요하다.

6) 간사(Company Secretary)

회사 간사는 홍콩 회사법에 따라서 회사가 반드시 간사를 선임하도록 의무를 부여하고 있다. 한국에는 없는 제도이며, 회의록 작성 등 다양한 법정 서류를 회사를 위해서 적절하게 작성, 등기, 보관하는 역할을 담당한다.

3. 설립 순서

1) 기업 등록국에 법인 설립 신청서(NNC1), 회사 정관(Association & Article), 사업자 등록증 신청서(IRBR1)와 함께 법인 설립 등기 비용과 사업자 등록증 발행 비용을 지불한다.
2) 약 7일 후 법인 설립 증명서와 사업자 등록증이 발급된다.
3) 회사 도장(Company Chop) 준비
4) 은행계좌 개설을 위한 서류 준비
5) 은행계좌 개설 진행
6) 사무실 임대 및 직원 채용 및 주재원 비자 진행

4. 법인 설립 후 운영에 대해서

1) 이사회(Board Meeting)

이사회는 최소 연 1회, 주주 총회 개최일과 의결 사항을 결정하기 위해서 개최할 필요가 있다. 이외에 중요한 변경 사항이 있을 경우 수시 개최할 수 있다.

2) 주주총회(General Meeting)

첫 번째 주주총회는 회사법상 회사 설립 후 18개월 이내에 개최해야만 한다. 제 2회 이후에는 전년도 주주총회로부터 15개월 이내에 개최해야 한다. 주주총회에서는 통상 재무제표의 승인, 배당금의 결정, 이사의 선임, 감사인 선임을 결정한다. 특별히 정해지지 않았을 경우에 의결 정족수는 2명으로, 보통 의결의 경우 출석한 주주의 의결권의 과반수, 특별 결의의 경우 출석한 주주의 의결권의 75% 이상으로 의결된다.

구분	의결 정족수	의결 요건	의결 사항
보통 의결	2명 출석 주주의 2명이 발행 주식의 10% 이상을 보유하고 있어야 함	출석한 주주의 의결권 50% 이상 찬성	감사인의 선임 및 해임 이사의 선임 및 해임 감사 보고서의 승인 이사의 보수 승인 증자
특별 의결	2명 출석 주주의 2명이 발행 주식의 10% 이상을 보유하고 있어야 함	출석한 주주의 의결권 75% 이상 찬성	회사의 청산 회사명 변경 감자 정관의 변경 휴면처리

3) 회사의 결산

첫 번째 회사 결산은 회사법상 설립 후 18개월 이내에 진행해야만 한다. 또한 모든 회사는 회계감사를 받아야 하며, 회계 관련 자료는 7년간 보관해야 한다.

4) 세무신고

a. 사업 소득세(Profit Tax)

첫 해에는 세무당국이 회사 설립 후 18개월 후에 사업 소득세 신고서를 발행하고, 발행일로부터 3개월 이내(설립 후 첫 번째 보고에 한하며, 이후에는 1개월 이내)에 과세 소득 산정 명세서 및 감사보고서를 첨부하여 신고서를 제출해야 한다. 이후 경우에 따라서는 내용에 대해서 질의응답이 이루어지거나, 최종 소득세 부과 통지서가 발행된다. 첫 번째 납세액은 해당연도의 확정세액과 다음 과세연도의 추정 과세소득에 따른 예정 세액의 75%에 해당하는 금액의 합으로 결정된다. 또한, 두 번째 납세액은 예정 세액의 25%로 예정 부과통지서가 발행되고 지정된 기일까지 납부해야 한다.

b. 급여 소득세

(1) 회사의 경우

▶ 고용 시

홍콩의 현지 법인은 이사나 직원을 고용하는 경우, 급여를 지급하게 된 날로부터 3개월 이내에 '고용 개시 통지서(IR56E)'를 세무국에 제출해야만 한다. 이 통지서에는 고용자 및 피고용자의 주소, 이름, 고용 개시일, 월 급여, 주택보조의 내역 등을 기입해야 한다.

▶ 과세연도말

한국처럼 고용주가 매월 급여 지급 시에 원천징수를 할 의무는 없다. 과세대상 기간이 4월 1일부터 다음연도 3월 31일까지로 되어 있으면, 4월 초순에 세무당국으로부터 회사 앞으로 '고용주 급여 신고서(IR56A,B)'가 발행되고 수령 후 발송일로부터 1개월 이내에 기입하여 제출하면 된다. 신고서에는 피고용자의 이름, 주소, 고용기간, 기간 중 급여 등의 총액, 회사 부담의 급여 소득세, 주택보조 상세 내역, 홍콩 이외 지역에서의 소득 유무 등을 기입해야 한다.

▶ 피고용자가 퇴직하는 경우

피고용자가 퇴직을 예정하고 있는 경우 급여 지불을 정지하는 날로부터 1개월 이전까지 '고용 종료 통지서(IR56F)'를 세무당국에 제공해야 한다. 퇴직해서 홍콩을 떠나는 사람의 경우에는 '출국 통지서(IR56G)'를 제출해야 한다.

(2) 피고용자의 경우

▶ 급여 소득세 신고서 제출

매년 5월 초순경 각 피고용자에게는 '급여 소득세 신고서(BIR60)'가 송부된다. 발송일로부터 1개월 내에 세무국에 제출해야 한다. 신고서는 기존의 '고용주 급여 신고서' 항목과 동일하다.

▶ 납세

매년 8~11월경 각 피고용자에게 발송되는 급여 소득세 부과 통지서에 따라서 세금을 납부하게 된다. 일반적인 납부방법은 1월경에 과세 대상연도 분의 확정 차액금액(예납분과의 차액)과 예납분에 해당하는 다음연도 예상 급여소득(전년과 동일 가정)분을 납세하고, 당해연도 확정 차액분의 100%와 예납분의 75%를 1월에 납부하고, 4월경에 예납분의 잔여 25%를 납부하게 된다.

5) 연차 보고서의 제출

회사는 연 1회, 회사 설립기일 이후 42일 이내에 기업 등록국에 연차 보고서(Annual Return/NAR1)를 제출해야만 한다.

연차 보고서에 기재되는 회사 등기 내용은 다음과 같다.

a. 회사명

b. 회사 등기주소

c. 자본금 내역

d. 주주의 주식 양수도 내역

e. 이사의 이름, 주소, 국적, 여권번호

f. 주주의 이름, 주소, 지분 현황

g. 간사의 이름, 주소

h. 담보 설정 시 금액

i. 주주명부의 보관장소

✻연차 보고서는 제3자가 인터넷을 통해서 열람이 가능하다. 또한 공개회사일 경우 재무제표의 제출도 반드시 같이 이루어져야 한다.

✻다음 사항들에 대해서는 변경할 때마다 일정 시간 내에 기업 등록국에 등기가 필요하다.

변경사항	등기양식	기업 등록국에 보고 기한
정관의 변경	NAA1	변경 후 15일 이내
회사명의 변경	NNC2	변경 후 15일 이내
이사의 변경	ND2A/ND4A	변경 후 14일 이내
간사의 변경	ND2A/ND4A	변경 후 14일 이내
등기 주소의 변경	NR1	변경 후 14일 이내
자본금 증자	NSC1	증자일로부터 1개월 이내

제5절_ 자주 받는 질문

1. 진출 형태의 결정

1) 질문 : 한국에서 개인 사업자를 운영 중인데 홍콩에서도 개인 사업자를 열고 싶습니다. 어떻게 열어야 하나요?

답변 : 홍콩에서의 개인 사업자(Sole Proprietorship)는 한국에서의 개인 사업자와 개념이 다르다는 점을 우선 이해해야 합니다. 특히 홍콩에서는 주로 시민들의 생계와 직결된 업종이 주로 개인 사업자 형태로 운영되는 관계로 외국인이 개인 사업자 형태로 회사를 운영하기는 쉽지 않습니다. 특히 홍콩 거주비자가 없는 외국인이 개인 사업자를 설립할 경우에는 홍콩 세무국에 사업장 임대 계약서, 사업 계획서, 홍콩 현지 대리인 선임자료 등을 제출해야 하는 관계로 현실적으로 어려움이 많습니다. 또한 개인 사업자 운영 중에 발생하는 채무에 대해서는 개인이 무한 책임을 져야 하는 관계로 일반적으로는 추천하지 않습니다.

2) 질문 : 저희 회사는 한국에서는 법인인데 홍콩에 회사를 설립하려는데 지사라고 해야 하나요? 아니면 법인이라고 해야 하나요?

답변 : 한국법인이 홍콩에 회사를 설립하는 형태는 여러 가지가 있습니다만 가장 일반적인 형태가 유한 책임 회사 혹은 해외법인의 홍콩지사 형태를 띄고 있습니다. 연결 재무제표 작성이 이루어지지 않았던 시점에는 해외에 설립하는 회

사가 지사일 경우 한국 본사의 매출에 합산을 할 수 있었던 관계로 지사형태로 법인 설립이 많이 이루어졌습니다. 최근에는 한국법인이 주주로 출자하여 홍콩법인을 설립하는 경우 한국에서 연결 재무제표를 작성하는 관계로 반드시 지사로 운영할 필요가 없기 때문에 유한 책임 회사 형태로 설립하는 것이 일반적입니다. 오히려 지사로 회사를 설립할 경우 설립 과정에서 준비해야 하는 번거로움이 있을 뿐만 아니라 매년 한국 본사의 감사보고서를 영문 혹은 중문으로 준비하여 홍콩에서도 공개해야 하는 의무가 있어서 지사 형태의 설립이 줄어드는 경향을 보이고 있습니다. 현재도 중견 기업 이상의 규모를 가진 회사의 경우에는 회사 내규에 따라서 지사 형태로 진출을 하는 경우도 있습니다.

3) **질문** : 법인을 설립하려면 자본금을 얼마나 설정해야 하나요?

　　답변 : 우선 홍콩의 자본금 제도를 이해할 필요가 있습니다. 한국은 수권 자본금, 납입 자본금이 분리되어 있습니다. 반면 홍콩에서는 납입 자본금만 존재하는 관계로 한국과는 규정이 다릅니다. 또한 자본금을 설정하더라도 자본금을 반드시 납입해야 할 의무는 없습니다. 따라서 법인 설립 시 자본금은 큰 의미를 가지지 않는다고 볼 수도 있습니다. 단, 회사 설립 후 계좌 개설 과정에서 은행에서는 자본금이 납입되는 것을 기준으로 판단하기 때문에 자본금이 높게 설정될 경우에는 자본금의 출처를 따지는 경우도 있습

니다. 자본금을 회사 내부적으로 판단하여 사업 영위를 위해서 필요한 만큼 설정한다고 보면 됩니다. 또한 자본금 제도는 다음 장에서 소개할 해외 직접투자 신고제도와도 연동되는 만큼 사전에 철저한 준비를 해서 설정을 해야 합니다.

4) 질문 : 운영비용 절감을 위해서 연락 사무소를 설립하고 영업활동을 하고자 하는데 가능한가요?

  답변 : 연락 사무소는 규정상 홍콩 내에서 시장조사, 정보수집, 고객 대응 등의 업무만 수행이 가능하며, 일체의 영업활동을 할 수 없게 되어 있습니다. 따라서 영업활동을 하게 될 경우 홍콩의 규정을 위반하는 것이 되며 연락 사무소 책임자는 처벌을 받을 수 있습니다. 또한 연락 사무소의 명의로 은행 계좌 개설에 있어서 은행에서도 거래 실적에 대해서 관찰의 대상이 되기 쉽습니다. 연락 사무소의 경우 본사에서의 운영비 송금, 연락 사무소 운영비, 인건비 등만이 발생해야 하므로 은행에서도 거래 건수가 많은 경우 거래 실적에 대해서 상세한 소명을 요구하는 경우가 발생하기도 하며, 영업활동을 한 것으로 확인될 경우에는 계좌를 폐쇄하는 경우도 발생합니다.

5) 질문 : 한국법인을 홍콩법인 설립 시 주주 및 이사로 등록하고 싶은데 가능한지요?

  답변 : 홍콩 회사법(Company Ordinance)에 따르면 주주 및 이사로 법

인(Body Corporate)의 등록은 가능합니다. 단, 이사의 경우 반드시 개인(Natural Person)이 최소 1인 이상 함께 등록이 되어야 합니다. 이는 회사에 문제가 생겼을 경우 책임 소재를 명확하게 하기 위해서 반드시 필요한 조치입니다.

6) 질문 : 홍콩법인의 주주나 이사가 되는데 특별한 제한은 없는지요?

   답변 : 홍콩 회사법상 주주에 대해서는 특별한 제한이 없습니다. 개인, 회사 모두 주주가 될 수 있으며, 반드시 홍콩에 거주할 필요도 없습니다. 홍콩법인의 이사 역시 개인, 회사 모두 이사가 될 수 있습니다. 단, 개인일 경우 반드시 18세 이상으로 본인의 의사로서 회사 운영에 관한 판단을 할 수 있어야 합니다. 회사만 이사로 등기될 수는 없으며, 반드시 1인 이상의 개인이 이사로 등기되어야 합니다.

7) 질문 : 지사(Branch Office)로 설립을 하였는데 한국 본사의 임원이 변경되었습니다. 홍콩에도 신고를 해야 하는지요?

   답변 : 지사는 한국 본사를 그대로 홍콩에 옮겨 둔 형태라고 보시면 됩니다. 따라서 지사 설립 시에는 한국 본사의 등기 현황과 동일하게 등기를 하며, 한국 본사의 정관을 가져와 동일한 정관에 따라서 지사를 운영하게 됩니다. 한국 본사의 등기 임원이 변경되었거나 주소, 자본금 납입 현황 등 소소한 부분이라도 변경되었을 경우에는 홍콩의 규정에 따라서 홍콩의 기업 등록국에 변경 신고를 진행해야만 합니다.

8) 질문 : 간사회사(Company Secretary)는 뭘 하는 것인가요?

답변 : 간사 혹은 관리회사 등으로 불리는 Company Secretary는 한국에는 존재하지 않는 제도입니다. 회사의 운영과정에 있어서 회사의 이사나 주주에게 법률이나 운영에 관한 조언을 해주는 역할을 담당하게 되며, 회사 구성에 있어서 중요한 역할을 수행하게 됩니다. 홍콩 회사법에는 반드시 Company Secretary로 홍콩에 등록된 법인 혹은 홍콩에 거주하는 개인을 지정하게끔 되어 있습니다. 상장사의 경우는 전문 자격증을 취득한 Company Secreatry나 법률회사, 회계 사무소를 지정하게끔 별도로 규정하고 있습니다. 현지의 법률, 회사 운영의 관습 등을 잘 이해하고 있는 전문가들로서 회사가 정상적으로 운영되도록 하는 역할을 한다고 보면 됩니다.

9) 질문 : 법인을 설립해야 한다고 이야기를 들었는데 저는 한국에서는 개인 사업자로만 운영한 경험이 있습니다. 괜찮을까요?

답변 : 한국과 홍콩의 법규가 다른 관계로 한국에서의 법인은 규모가 큰 회사의 이미지가 강합니다. 홍콩에서의 법인의 이미지는 일반적인 회사의 이미지가 강하다고 보면 됩니다. 오히려 개인 사업자의 경우 무한 책임으로 인하여 사업체 운영의 리스크가 더 크다고 볼 수 있습니다.

홍차장은 컨설팅 업체와의 미팅을 통해서 한국 본사가 주식을 보유하는 현지 법인 형태로 회사를 설립하기로 결정하였다. 한국 본사의 이사회를 통하여 홍콩에 자회사를 설립하는 안건이 통과되면서 본격적으로 법인 설립을 진행하게 되었다. 이로써 첫걸음을 뗀 것 같아서 가슴 한가득 뿌듯함을 느끼게 되었다.

chapter 3
회사 설립 후 해야 할 일

법인 설립은 의외로 간단하게 진행이 된 것 같은 느낌이 들었다. 드디어 법인 설립은 완료되었고 다음 단계를 진행해야 하는데 총무팀 출신도 아닌 해외 영업팀 출신인 **홍차장**은 자신이 전부 진행을 해야 하는 상황에 불안을 느끼게 되었다. 회사는 어떻게 구성되고 어떻게 운영을 해야 할지 막막한 느낌이 들기 시작하였다.

회사 설립 후 해야 할 일

제1절_ 은행 계좌 개설

1. 홍콩의 은행 시스템

홍콩은 세계3대 금융거점 중의 한 곳으로 전 세계의 모든 은행이 모여 있다고 해도 과언이 아닐 정도로 많은 은행이 모여 있는 것이 사실이며 최근에는 중국 위안화 역외 허브로서 중요한 역할을 하고 있다.

홍콩의 은행 시스템은 관리감독을 하는 홍콩 금융관리국(HONG KONG MONETARY AUTHORITY)을 정점으로 3단계 구조를 갖추고 있다.

1) 인가 은행(Licensed Banks)

일반적으로 알고 있는 은행으로서 인가를 받은 은행만이 일반인을 대상으로 당좌계좌(Current Account), 저축계좌(Saving Account), 적금계좌(Deposit Account)를 운영할 수 있으며, 고객들을 상대로 수표의 발행과 회수를 할 수 있다. 2016년 10월 기준으로 156개의 은행이 인가를 받았다.

이름	구분	이름	구분
HSBC	영국	KEB HANA BANK	한국
HANG SENG	홍콩	INDUSTRIAL BANK OF KOREA	한국
Bank of China	중국	WOORI BANK	한국

CITI BANK	미국	KOOKMIN BANK	한국
Standard Chartered	영국	SHINHAN BANK	한국
DBS BANK	싱가포르		
OCBC WING HANG	싱가포르		

일반적으로 인지도가 있는 은행은 대부분 인가 은행이라고 생각하면 된다.

2) 제한적 인가 은행(Restricted Licence Banks)

제한적 인가를 받은 은행은 주로 투자금융 은행이나 자본 시장에서 활동을 하는 은행들이다. 해당 은행은 HKD500,000 혹은 그 이상의 금액에 대해서 만기예금을 받을 수도 있다. 2016년 10월 현재 23개의 은행이 인가를 받았다.

3) 적금 수신 회사(Deposit-taking Companies)

적금 수신 회사는 직간접적으로 일반 은행 등과 연관된 회사가 주를 이룬다. 소비자 금융이나 주식 거래에 특화된 거래를 중점적으로 취급한다. 이 회사들은 HKD100,000 혹은 그 이상의 금액에 대해서 만기적금을 받을 수도 있다. 2016년 10월 현재 18개의 회사가 인가를 받았다.

4) 인터넷 뱅킹과 ATM

대부분의 시중 은행은 인터넷 뱅킹 서비스와 모바일 뱅킹 서비스를 제공하고 있다. 한국과 같은 공인인증서 기반이 아닌 OTP 카드 기반의 보안체계를 갖추고 있다. 한국의 인터넷 뱅킹 서비스와 비교하면 디자인 측면에서는 떨어지나 사용자 편의 측면에서는 직관적인 인터넷 뱅킹 시스템을 갖추고 있다.

ATM은 기본적으로 자신의 은행에서만 출금이 가능하며, 대형 은행의 경우 자회사의 은행 ATM망을 같이 사용할 수 있다. HSBC에 계좌를 가지고 있는 사람은 자회사인 HANG SENG 은행의 ATM망을 이용할 수 있다. 이외에 공용망 서비스를 제공하는 서비스를 이용할 경우에는 추가 수수료가 발생하는 경우가 있다. 현재는 마그네틱 베이스 시스템에서 IC칩 베이스 시스템으로 이동이 끝난 상황이며 대부분의 ATM카드에는 IC칩이 내장되어 있다.

5) 수수료

홍콩 은행의 소비자 업무 측에서 유일한 수익원은 수수료 수입이다. 예대마진이 거의 없는 홍콩 금융 시장의 특성을 반영하여 홍콩 금융당국에서도 수수료 체계 구성 및 인상에 대해서 적극적으로 허용하고 있다. 한국의 은행 시스템에서는 당연하다고 생각되는 서비스에 대해서도 수수료가 부담되어 고객에게 부담시키는 경우가 있다. 예를 들어 계좌에 잔고가 일정 금액 이상으로 유지하지 않을 경우에 계좌 유지 수수료를 고객에게 부담시키고 있다. 은행에서 이루어지는 모든 일에 대해서 수수료가 부과된다고 보면 된다.

2. 법인 계좌 개설 절차

홍콩법인을 설립한 다음 바로 진행해야 할 일이 법인 계좌를 개설하는 것이다. 자본금 납입을 통하여 홍콩법인을 빠른 시간 내에 궤도에 올리기 위해서는 법인 계좌 개설이 시급하다. 그러나 최근의 국제 금융 환경의 변화, 국제적인 자금세탁, 테러 및 마약 관련 자금의 유통이 국제적으로 이루어지는 것이 현재 상황이다. 홍콩 금융 감독국에서 계속해서 시중 은행에게 관리감독 책임을 엄격하게 묻고 있으며, 이에 따라 은행의 계좌 개설이 점점 어려워지고 있다. 따라서 법인 계좌를 개설하기 위해서는 사전에 많은 준비가 필요하다.

1) 사전 준비 자료

(1) 홍콩법인 관련 자료

– 법인 설립 확인증(Certificate of Incorporation)

– 사업자 등록증(Business Registration Certificate)

– 법인 설립 신청서(NNC1) 혹은 연차 보고서(NAR1)

– 회사 정관(Article of Association)

– 기타 회사 변경 사항을 입증할 자료

– 회사 도장(Company Chop)

(2) 이사/주주 관련 자료

– 여권

– 영문 주소 증빙

– 영문 사업자 등록증명/주주명부

(3) 비즈니스 증빙 자료

(4) 은행 초기 예치금

(5) 은행별로 추가 요구자료

2) 은행 인터뷰

금융 감독당국의 지시에 따라서 계좌개설 시 은행은 반드시 법인의 이사와 대면 인터뷰를 해야 하며 본인여부를 확인하고 법인의 이사가 실제로 어떤 역할을 하고, 어떤 업무를 수행하는지 확인해야만 한다. 인터뷰는 일반적으로 영어나 중국어로 진행하게 되며, 한국계 은행의 경우에는 한국어로 진행하는 경우도 있다. 인터뷰를 통해서 은행 담당자는 비즈니스의 내용을 파악하고 향후 문제가 없을지를 중점적으로 파악한다. 비즈니스 경험, 향후 비즈니스 계획, 현재까지의 준비 현황에 대해서 질문을 많이 한다. 현업의 경험상 적지 않은 고객이 인터뷰 검증 과정에서 탈락하는 것이 현실이다. 최근의 은행은 상당히 보수적인 입장인 관계로 신규고객 유치를 통한 매출의 증가보다 신규고객이 문제를 일으키지 않을지를 보는 경향이 있다. 법인계좌에 문제가 있을 경우 은행에서는 회사의 이사에게 연락을 취해서 문제를 해결해야 하는데 이때 이사와 커뮤니케이션이 무엇보다 중요한 관계로 반드시 영어나 중국어로 인터뷰가 진행된다. 경험상 짧은 영어로라도 질의응답이 가능한 수준이면 문제가 없으나 가끔 전혀 영어가 안 되어서 거절을 당하는 경우도 발생한다. 직원이나 통역을 대동하는 경우에 은행에 따라서는 통역을 제한하는 경우도 있다.

3) 법인 계좌 관리

법인 계좌 개설 후 관리가 더욱 중요하다고 할 수 있다. 특히 계좌에 대해서 문제가 있다고 판단될 경우 은행은 전화나 이메일 뿐만 아니라 우편물로 반드시 연락을 취하는 것을 우선시 한다. 따라서 어떤 형태로든 은행에서 연락을 받을 경우에는 반드시 답변을 해야만 한다. 가끔 영어로 전화가 오거나 우편물이 오면 영어의 어려움이나 귀찮음 때문에 방치를 하다가 계좌를 폐쇄당하는 경우가 있다. 대부분의 은행들은 연락을 취할 때 반드시 언제까지 회신을 달라는 기한을 명시하고 이를 지키지 않을 경우에는 계좌를 동결시키거나 계좌를 폐쇄해버린다. 이는 은행의 이익을 지키기 위한 수단으로 계좌개설 시에 서명하는 약관에 반드시 포함되어 있다. 따라서 계좌 유지를 위해서는 은행에서 오는 연락에는 반드시 답을 하는 것이 중요하다.

제2절 해외 직접 투자신고

■ 1. 한국의 외환 관리법[5]

한국의 외환 관리법상 거주자 개인 및 한국에 주된 사무소를 둔 법인은 외환 거래법에 따라서 해외에 투자를 할 경우 사전 주거래 외국환은행에 해외 직접투자 신고를 하고 승인을 받은 다음에 해외로 투자금을 송금할 수 있으며, 투자 이후에도 변경사항이 발생할 경우에는 반드시 변경신고를 해야 한다. 기본적으로는 사전 신고가 원칙이며 예외적인 상황에 한하여 사후 신고를 허용하고 있다. 결과적으로 말한다면 한국인과 한국회사가 해외에 투자를 하여 회사를 설립하거나 외국 회사에 금전적 대여를 하는 경우에는 반드시 해외 직접투자 신고가 필요하며, 사소한 변경사항이라도 한국에 신고를 해야 한다고 생각하는 것이 안전하다.

만약 사후에 외환 관리법을 위반한 사항이 적발될 경우 다음과 같은

---

5) 한국 금융 감독원 안내 자료 참조

처벌을 받을 수 있다.

미신고금액	위반시점				
	2006년 3월 3일 이전	2006년 3월 3일 이후	2009년 2월 4일 이후	2011년 8월 1일 이후	2016년 6월 3일 이후
50억 원 초과	거래정지 (1년 이내) *형사 벌칙 동시 부과 가능	거래정지 (1년 이내) *형사 벌칙 동시 부과 가능	형사 벌칙 (1년 이하 징역 또는 1억 원 이하 벌금)	형사 벌칙 (1년 이하 징역 또는 1억 원 이하 벌금)	형사 벌칙 (1년 이하 징역 또는 1억 원 이하 벌금)
10억 원 초과 ~50억 원 이하				과태료 최고 100만 원 혹은 2%, 최저 50만 원 혹은 1%	
2만 달러 초과 ~10억 원 이하			과태료 최고 100만 원 혹은 2%, 최저 50만 원 혹은 1%		과태료 최고 100만 원 혹은 2%, 최저 50만 원 혹은 1%
2만 달러 이하	경고				

2. 해외 직접투자의 정의

1) 외국법령에 따라서 설립된 법인(설립 중 포함)의 경영에 참가하기 위하여 의결권이 있는 발행주식 총 수의 10% 이상의 지분을 취득하는 경우

2) 외국법령에 따라서 설립된 법인에 대해서 상환기한 1년 이상의 금전대여를 통하여 해당 법인과의 지속적인 경제관계를 맺기 위한 거래 또는 행위

3) 법인 형태가 아닌 지사 또는 연락 사무소 설치, 확장, 운영도 포함

4) 해외 자원 개발사업 및 사회 간접 자본 개발 사업을 하기 위하여 자금을 지급하는 행위도 포함

5) 지분이 10% 미만이더라도 다음의 경우에는 해외 직접투자에 해당

a. 임원을 파견하는 경우

b. 계약기간 1년 이상인 원자재 또는 제품의 매매계약 체결

c. 기술의 제공도입 또는 공동연구개발 계약의 체결

d. 해외 건설 및 산업 설비 공사를 수주하는 계약의 체결

3. 해외 직접투자 신고 시 유의사항

1) 외국환 거래은행 지정

외국환의 거래는 반드시 지정한 은행에서만 거래가 이루어져야
한다.

a. (법인) 주채무계열 소속 기업체는 당해 기업의 주채권 은행

b. (법인) 주채무계열 소속 기업체가 아닌 경우에는 여신 최다 은행

c. (개인 및 개인사업자) 본인이 지정하고자 하는 은행

2) 실제 투자 내용과 일치

투자의 형태(지분 투자인지 대여인지), 투자 주체(명의 대여, 차용, 공동여부), 투
자 대상 기업 등이 반드시 신고 내역과 일치해야 한다.

3) 취득가액의 적정성 확인

취득 예정인 외국법인의 주식 또는 지분이 액면가액과 취득가액이
틀릴 경우에는 차액의 적정성을 확인하기 위해서 전문 평가기관
등의 평가서나 의견서를 제출해야 한다.

4. 해외 직접투자 신고 시 제출서류

해외 직접투자 신고 시 제출하는 서류는 지정하는 은행에 따라서 세

부 자료가 달라질 수 있으나 일반적으로 제출하는 서류는 다음과 같다.

1) 해외 직접투자 신고서

2) 사업 계획서

3) 사업자 등록증(법인, 개인 사업자), 주민등록등본(개인), 납세증명서(공통)

4) 금전 대차 계약서(상환기한 1년 이상의 대부의 경우)

5) 합작 투자 계약서(외국 자본과 합작 진행 시)

6) 현물 투자 명세표(자본이 아닌 현물 출자 시)

7) 기타 해당 은행 지정 서류

5. 해외 직접투자 변경 신고

신고 내용에 변경사항이 발생할 경우 반드시 사전 신고를 해야 한다.

1) 변경 신고 대상

    a. 외국법인의 지분율 변경

    b. 자회사 혹은 손자회사의 설립

    c. 투자 금액의 변경

    d. 청산

2) 거주자간의 양수도

    거주자간에 지분의 양수도가 이루어질 경우 양도자가 해외 직접투자 신고를 했더라도 자동 승계가 되지 않는 관계로 양도인은 해외 직접투자 내용 변경 신고를 해야 하고, 양수인은 신규로 해외 직접투자 신고를 해야 한다.

3) 사전 신고 예외 대상

    a. 투자자의 상호, 대표자, 소재지 변경

b. 해외법인의 상호, 소재지 변경

c. 투자자의 합병 및 분할, 경영상의 급박한 사정으로 사전 신고가 어려울 경우

단, 추가 금액이 필요하지 않은 경우에 한함

4) 제출 서류

a. 해외 직접투자 내용 변경 신고서(최초 신고서 포함)

b. 해외 직접투자 내용 변경 사유서

c. 자회사 혹은 손자회사 설립에 관한 계약서 및 사업 계획서

d. 거주자간 양수도 계약서

6. 해외 직접투자 신고 후 송금 시 주의사항

1) 반드시 승인 받은 지정 거래 외국환 은행을 통해서 송금이 이루어져야 한다.

2) 송금은 유효기한(보통 1년) 이내에 이루어져야 하며, 경과 후에는 실효되므로 재신고를 해야 한다.

3) 제출 서류

a. (투자금 송금) 송금 보고서 (송금 후 즉시), 납세 증명서, 개인신용정보 조회 동의서

b. (현물출자) 송금 보고서, 수출 신고 필증 (현물 출자 후 즉시)

7. 증권 취득 보고

1) 증권 취득 보고서는 투자금액(대여금액) 납입 후 6개월 내에 제출해

야 한다.

2) 증권 취득 보고서와 첨부 서류의 내용이 반드시 일치해야 한다.

3) 제출 서류

  a. 외화 증권(채권) 취득 보고서

  b. 해외법인의 등기부 등본 또는 공증서, 증권사본

  c. (대부 투자 시) 상대방의 대부금 영수증명서(약속어음)

8. 사업실적 보고

1) 사업실적 보고서는 투자금액에 따라서 해당하는 자료를 회계기간 종료 후 5개월 내에 제출해야 한다.

2) 투자 업종이 부동산 관련 업종일 경우에는 투자금액에 상관없이 연간 사업실적 보고서를 제출해야 한다.

3) 제출 서류

  a. 투자 금액 미화 100만 불 초과시

    – 연간 사업실적 보고서

    – 현지 공인 회계사가 작성한 감사보고서 또는 현지 세무사의 세무 보고서

  b. 투자 금액 미화 50만 불 초과 100만 불 이하 시

    – 현지법인 투자현황표

  c. 투자 금액 미화 50만 불 이하 : 제출면제

9. 청산 보고

1) 청산 즉시 잔여재산 또는 원리금을 반드시 지정 거래 외국환 은
   행을 통해서 회수하고, 회수한 다음 즉시 신고기관에 청산보고를
   해야 한다.

2) 비거주자에게 지분 전액을 매각했을 경우에는 청산에 준하여 보
   고해야 한다.

3) 청산 보고서와 첨부 서류의 내용은 반드시 일치해야 한다.

4) 청산 보고 시 제출 서류

   a. 해외 직접 투자 사업 청산 및 대부채권 회수 보고서

   b. 등기부 등본 및 청산 종료를 입증할 수 있는 자료

   c. 청산 손익 계산서 및 잔여재산 분배 전의 대차 대조표
      현지 공인 회계사가 작성한 감사보고서를 함께 제출해야 한다.

   d. 잔여 재산 회수에 대한 외국환 은행의 외화 매입 증명서 또는
      현물 회수의 경우 세관의 수입 신고 필증

5) 대부 채권 회수 시 제출 서류

   a. 해외 직접투자 사업 청산 및 대부채권 회수 보고서

   b. 외화 매입 또는 예치 증명서(송금처 명기)

10. 주의사항

  해외 직접투자 신고는 법인 설립 과정에서 제일 많이 실수를 하는 부
분이다. 특히 나 하나쯤이야 하는 생각으로 신고절차를 건너뛰는 경우
가 발생하기도 한다. 해외 직접투자 신고는 반드시 거쳐야 하는 절차
이며, 의외로 운영과정에서 적발 당하기 쉬운 사항이므로 사전에 철저

한 준비를 통하여 해당 규정을 꼭 준수해야 한다. 특히 최근 국제적인 조세협약 체결, 국제조세 공조 등으로 인하여 해외 직접투자 신고를 하지 않고 운영을 하다가 적발 당하는 케이스가 늘어나고 있으며, 향후로는 더욱 국가 간의 협조가 강화될 예정이므로 안전한 비즈니스를 위해서는 사전 신고를 철저하게 진행하는 것이 좋다.

제3절_ 사무실 임차

1. 홍콩 부동산 사정

홍콩의 토지는 신계 지역의 일부분을 제외하고는 모두 정부 소유이며, 정부는 조차권을 부동산 개발업자에게 매각하고 있다. 즉, 정부에서 조차권을 사들인 개발업자들에게 토지를 개발하고 이용할 권리를 부여하는 것이다. 정부에서 토지의 공급을 관리하기 때문에 부동산 개발업자들은 정부와 매우 긴밀한 관계를 맺고 있다. 특히 정부와 강력한 고리를 가지고 있는 재벌들에 의해서 부동산 개발이 이루어지고 있다.

홍콩의 전체 면적 대비 개발 가능한 지역이 한정되어 있는 관계로 좁은 공간 내에 건물들 간의 밀집도가 높으며, 최대한 공간을 활용하기 위하여 최대한 높게 건물을 짓는 것이 일반화되어 있다. 좁은 공간 내에서 높게 건물을 짓는 건축 방식이 발달하여 단기간 내에 고층 건물을 밀집된 공간에 지어 올리고 있다.

홍콩의 부동산 가격은 상상을 초월하며 전 세계에서 세 손가락에 꼽힐

정도로 단위 면적 당 가격이 높은 시장을 형성하고 있다. 주택 시장 뿐만 아니라 사무실, 노면 점포 등의 단위 면적 당 가격은 일반적인 상식을 초월하고 있다. 따라서 점포, 사무실을 임차하는데 있어서도 최악의 상황에서 임대료를 부담할 수 있을지를 감안하여 계약을 체결해야 한다.

홍콩은 철저한 계약 기반 사회로서 한 번 체결한 계약에 대해서는 철저한 계약의 이행을 요구받으며, 조금이라도 계약에 어긋나는 일이 생길 경우에는 법적인 조치와 직면하게 된다. 한국에서 부동산 계약이라 할지라도 한 쪽의 상황이 여의치 않아서 유지가 어려운 경우 합의하에 계약을 해지하거나 상황을 이해해 주는 경우가 있지만 홍콩에서는 상상하기가 힘들다. 한국식 마인드로 접근할 경우에는 큰 피해를 볼 수 있으므로 사전에 계약이행에 대한 철저한 준비를 한 다음 계약을 체결해야 한다.

2. 사무실 임대

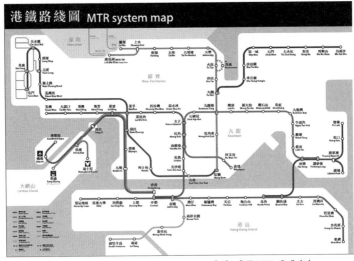

출처 : 홍콩 MTR 홈페이지(16년 12월 기준)

1) 장소의 결정

   - 일반적으로 지역별로 업종의 특징이 있는 관계로 모여있는 경우
     가 많으며, 협업의 효과나 업무의 편의성 측면에서 고르는 경우
     도 있다.
   - 금융/법률 관련 업종 : Central, Admiralty
   - 창고형 무역 : Kwun Tong, Tsuen Wan, Kowloon Bay, Kwai
     Fong
   - 의류도매 : Sham Sui Po, Lai Chi Kok
   - 젊은 층 상대 소매 : Causeway Bay, Mong Kok
   - IT : Cyberport, Causeway Bay, Shatin
   - 한식당 : Tsim Sha Tsui, Causeway Bay
   - 중국출장이 잦은 경우 : Tsim Sha Tsui, Hung Hom, Sheung
     Shui, Tuen Mun
   - 사무실의 위치는 향후 직원의 채용에도 큰 영향을 미치는 요소 중
     의 하나이다. 일반적으로 홍콩 사람들의 경우 홍콩섬의 Central,
     Admiralty에서 근무하는 것을 가장 선호하는 경향이 있다.

2) 인터넷상으로 물건 확인

   일반 가정주택에 대비하여 인터넷상에 공개된 물건이 적은 편이
   다. 우선 장소를 결정하는 과정에서 인터넷상의 물건을 확인하여
   원하는 지역의 대략적인 가격대를 확인해 보는 것이 좋다.
   - http : //www.office18.com/
   - http : //www.centaline-oir.com/
   - http : //cir.ricacorp.com/

- http : //www.midlandici.com.hk/

- http : //www.hkpici.com.hk/

3) 부동산 업체 방문

인터넷으로 원하는 지역의 가격대를 조사한 다음 현지를 방문하여
지하철 역과의 거리, 주변의 버스노선, 건물의 노후도, 주변 환경
등을 파악한다. 주변 부동산을 이용하는 것이 일반적이며 대형 부
동산 프랜차이즈 점포를 이용하는 경우 다른 지역의 계열점을 통
하여 원하는 물건의 소개도 가능하다. 일반적으로 부동산은 면적
이 큰 사무실, 중개 수수료가 많이 나오는 사무실을 위주로 소개하
는 경향이 강하므로 원하는 사이즈, 예산을 사전에 제시하고 적합
한 물건을 추천해 줄 것을 요청하는 것이 효율적으로 물건을 볼 수
있는 방법이다. 한국의 기준과 다르게 스퀘어피트 단위를 사용하
기 때문에 사전에 단위에 대한 변환을 염두에 두어야 한다. 참고로
1평은 35.6스퀘어피트에 해당한다. 홍콩의 건물은 겉은 오래되어
보이고 남루하더라고 지속적인 리노베이션을 통해서 건물 내부는
잘 정비된 경우가 많으므로 외관만이 아닌 내부의 설비나 인테리
어도 주의깊게 살펴봐야 한다. 홍콩 로컬 부동산 업체를 이용하는
것에 어려움이 있는 경우에는 한국계 부동산을 이용하는 것도 한
가지 방법이다.

• 찬미 부동산 : +852 2886 5080 혹은 +852 6170 0501

• 대한 부동산 : http : //www.daehanproperty.com/main.php/
　　　　　　　+852 2541 1673 혹은 +852 9048 5421

4) 부동산 계약

일반적으로 사무실의 경우 임대주는 전문 부동산 관리회사인 경우가 많으며, 개인이 임대주인 경우도 드물지만 존재한다. 임대주는 개인명의의 임차인보다는 법인명의의 임차인을 선호하는 경향이 있으므로 일반적으로 법인 설립 후 부동산 계약을 진행하는 것이 일반적이다.

부동산 임차 시 월세의 약 3개월치를 보증금으로 지불하는 것이 일반적이다. 그러나 외국인만으로 구성된 회사이거나, 신생 회사일 경우 임대주가 6개월 혹은 1년치 보증금을 요구하는 경우도 있다. 이럴 경우에는 임대주와 협의를 통하여 조정하는 수밖에 없다. 경우에 따라서는 법인 명의 수표로 1년치를 요구하는 경우도 있다. 부동산 중개 비용은 일반적으로 월세의 50%를 받는다. 따라서 초기 임대 시에는 보증금 3개월, 중개 수수료 0.5개월, 월세 선불 1개월, 총 4.5개월치의 비용이 필요하다.

부동산 계약 시 가장 중요한 부분은 계약기간과 계약해지 조건, 변경 가능한 조건을 어떻게 결정하느냐 하는 부분이다. 계약기간 중 회사의 사정으로 계약을 해지하는 경우 일반적으로 보증금을 돌려받지 못하는 것이 일반적이며, 경우에 따라서 계약해지를 위해서 잔여기간의 월세를 전부 요구하는 경우도 있다. 따라서 사전에 계약서를 통해서 계약해지 조건에 대해서 정확하게 확인할 필요가 있다.

홍콩의 부동산에는 권리금의 개념은 없으나 식당의 경우 기존 임차인의 설비가 남아 있어서 이를 승계하는 경우에는 별도로 설비 비용을 지급하는 경우가 있으며, 최근 한국 식당 및 레스토랑이 많이 생기면서 한국인 사업자 간에 권리금이 발생하는 경우도 생기고 있다.

홍콩 부동산 계약의 일반적인 조건하에서는 계약 체결 시 넘겨받는 조건과 동일한 조건으로 임대 물건을 반환해야 한다. 따라서 계약 종류 후 보증금은 임대주가 물건의 상태를 체크한 다음 하자가 있을 경우에는 차감한 금액을 돌려주며, 반환 기한은 평균적으로 1개월 정도 소요된다. 이 부분에 대해서도 계약서에 명기하는 것이 좋으며, 입주 시 물건의 상태를 사진으로 기록을 남겨서 계약서에 첨부하는 경우도 있다.

부동산 계약 시 가장 주의해야 할 점은 계약의 조건을 정확하게 이해하는 것이다. 홍콩은 철저한 계약 기반 사회인 관계로 한 번 체결한 계약은 반드시 지켜야 하며, 계약을 위반할 경우에는 위반한 쪽에 책임을 지는 것이 상식이다. 회사의 사정, 개인의 사정으로 인하여 계약을 변경, 해지하려고 하더라도 상대방이 응하지 않는 것이 일반적이다. 회사의 사정이 좋지 않아 조기에 계약을 해지하고 싶어하는 임차인의 사정을 임대주가 봐줄 필요는 없는 것이 일반적인 상황이라 할 수 있다.

3. 인테리어 및 설비

1) 인테리어 전 알아야 할 사항

일반적으로 사무실은 인테리어가 되어 있지 않은 빈 공간을 임차하는 것이 일반적이며, 임차인이 자비로 원하는 인테리어를 진행하게 된다. 계약 조건에 따라서이기는 하지만 대부분의 경우 임차 계약이 종료될 경우에는 인테리어를 전부 철거하고 처음 넘겨받은 것과 동일한 상태로 임대주에게 반납을 해야 한다. 임대 계약 갱신 시점에 임대료가 인상된다면 인테리어 철거비용, 이사비용, 신규 인테리어 비용 등을 감안하여 의사결정을 할 필요가 있다. 임대한 사무실에 임대주가 설치한 사무실 설비(카펫, 에어컨 등)가 있을 경우에는 상세하게 계약서에 명기를 하여서 향후 계약해지 시에 분쟁이 생기지 않도록 할 필요가 있다.

2) 인테리어 업체 선정

인테리어를 진행하는 경우 홍콩 로컬 업체를 이용하는 방법과 홍콩에 있는 한국계 인테리어 업체를 이용하는 방법도 있다.

-화평건축 http : //www.peaceconstructionltd.com/ +852 2429 7655

-ENOCHDECO http : //www.enochdeco.com/ +852 2503 2626

-theeAe rkitecs http : //www.theeae.com/ +852 2976 4543

디자인 완료 후 실제 진행 속도는 한국보다는 약간 느리다고 봐야 하며, 진행 중 일정변경이나 변경사항이 발생할 경우에는 추가비용이 일반적으로 발생한다. 따라서 사전에 디자인 단계 혹은 공사 진행 전 단계에서 요구사항은 사전에 충분히 전달하여 견적에 반영시키거나 일정에 반영을 시켜야 한다.

3) 유틸리티 준비

사무실 임대 시 관리비를 누가 부담할 것인지 계약 전에 미리 명확하게 하는 것이 좋다. 임대기간 중 임대료 계산의 편리를 위해서 임대주가 무료 사용 기간을 제공하는 경우도 있다. 이 경우에는 임대료는 무료이더라도 관리비나 유틸리티 비용은 부담을 해야 하는 경우가 생기기도 한다. 따라서 무료 임대기간 중 발생하는 비용을 어떻게 처리하는지를 사전에 임대주와 협의하여 명확하게 하는 것을 추천한다.

일반적으로 전기, 수도 비용은 임차인 명의로 신규 계약을 체결하는 경우가 많으며, 계약 체결 시 예치금을 HKD2,000~3,000씩 요구하기도 한다.

-HK Electric(홍콩섬 전기) :

 http : //www.hkelectric.com/web/Index_en.htm

-CLP Power(홍콩섬 이외 지역 전기) : https : //www.clp.com.hk/en

-Water Supplies Department :

 http : //www.wsd.gov.hk/en/home/index.html

인터넷은 회사명의로 가정용 인터넷 서비스는 가입이 불가능하므로 기업용 서비스를 별도로 가입해야 한다. 일반적으로 유선전화, 인터넷, 팩스를 복합적으로 제공하는 서비스 가입을 많이 가입하고 있다. 일반적으로 2년 간의 계약기간을 설정하며, 중도에 서비스를 양도하는 것은 가능하나 계약해지를 원할 경우에는 잔여기간의 사용료를 납부해야지만 가능하다. 따라서 계약체결 시 계약서와 약관을 철저하게 확인해야 한다. 건물에 따라서는 특정 회사의 서비스가 사용 불가능한 경우도 있으므로 사전에 각 회사의 인터넷이나 고객 상담을 통해서 서비스 이용여부를 확인해야 한다.

-HKT https : //www.hkt.com/

-HKBN http : //www.hkbnes.net/en/

-SmarTone http : //www.smartone.com/en/business/

4) 집기 구입

회사 사무용 집기를 준비하는 과정은 인테리어 과정에서 인테리어 업체에게 일괄적으로 맡겨서 진행을 하는 방법과 인테리어 완료 후 회사에서 직접 집기를 구입하여 설치하는 방법이 있다. 직접 준비하는 경우 집기 관련 업체에서 구입하거나 중고 집기 업체를 통해서 구매하는 방법이 있다. 많은 사무실들이 생겼다가 사라지는 관계로 중고 사무가구를 취급하는 업체들이 많다. 대부분의 중고 사무가구 업체들은 전시장을 겸하고 있기 때문에 외곽지역에 위치하는 경우가 많아서 직접 보고 사기에는 어려운 경우도 있다. 일차적으로는 인터넷을 통하여 중고 가구업체의 홈페이지를 방문하여 사무실에 적합한 가구를 결정한 다음 직접 방문하여 제품의 상태나 수량을 확인하고 일괄 구매하는 방식을 추천한다.

- 신규 사무용 가구 검색어 : office furniture, 辦公室傢俬
- 중고 사무용 가구 검색어 : 2nd hand office furniture, 二手辦公室家俬

5) IT 기기 구입

소규모 사무실의 경우에는 복합기를 구매하여 사용하며, 사용량이 많은 경우에는 구매 혹은 리스를 고려하는 것이 일반적이다. CANON, RICOH, KYOCERA, XEROX 등 복사기 메이커들이 리스 서비스를 제공하고 있으며, RICOH, KYOCERA 등이 소규모 회사에도 복합기 리스 서비스를 제공하고 있다. 일반적으로 5년 이상의 장기계약을 요구하고 있으며, 계약만료 시에는 기기의 소유권을 이전해 주기도 한다. 계약기간 만료 전에 계약을 해지하고

자 할 경우에는 잔여기간의 대금을 위약금으로 청구하는 경우도 있으므로 사전에 계약서의 내용을 정확히 확인해야 한다.

사무실 내의 서버실 설치나 LAN 인입구 설치는 인테리어 단계에서 사전에 디자인에 반영하여 진행을 하는 것이 좋다. 서버나 전문 전자장비를 설치해야 하는 사무실의 경우에는 사전에 관련된 전문 업체의 견적을 받아서 인테리어 단계에서 사전 협의가 이루어질 수 있도록 하는 것이 좋다.

6) 문서 배달 업체 계약

해외 문서 수발을 위해서는 DHL, FEDEX, SF-EXPRESS, OCS 등의 서비스를 계약 거래를 하는 것이 일반적이다. 한국과 같은 퀵서비스가 없는 관계로 홍콩 내의 문서 수발의 경우에는 문서 배달 업체를 이용하는 것이 일반적이다. 상업지역의 경우에는 비용이 저렴하고 반나절이면 배달이 가능하나 비상업지역이나 도서지역의 배달은 추가비용이 발생하고 하루 정도의 시간이 필요하다. SF-EXPRESS, UC EXPRESS 등이 유명하다. 또한 문서접수 대행, 서류 회수, 접수 서류 회수 등 다양한 서비스를 제공하고 있다.

사무실과 설비가 갖춰졌으므로 다음은 같이 일할 직원들을 고용하여 본격적으로 비즈니스를 시작하고자 하는 **홍차장**. 주변에서 홍콩에는 저렴한 인건비로 고급 인력을 고용할 수 있다는 이야기, 언제든지 마음에 들지 않으면 해고할 수 있다는 이야기, 모든 것을 조심해야 한다는 이야기 등 다양한 이야기를 들은 홍차장은 두근거리는 마음으로 같이 일할 직원들을 고용하기 위해서 절차를 알아보기 시작했다.

제4절 인사 및 노무

1. 고용조례

홍콩의 고용조례(Employment Ordinance, Cap.57)는 한국의 근로 기준법에 상당하는 법률로서 고용계약의 체결부터 임금, 휴가, 휴일, 각종 수당, 해고 등 고용전반에 관한 법적 기준을 제시하고 있다. 노동시장의 유연함과 피고용자의 보호라는 양측면에서 균형잡힌 기준을 제시하고 있다.

고용조례의 적용대상은 동일한 고용주 아래에서 주 18시간 이상의 노동제공이 4주 이상 지속되는 종업원이 대상이 되며, 정규직, 비정규직, 파트타임 등 취업의 형태와는 상관없이 기준만 충족될 경우에 고용조례의 적용대상이 된다.

고용조례 위반 시에는 경중에 따라서 벌금형 혹은 징역형 혹은 병과되는 경우도 있다.

홍콩사람들은 자신의 권익이 침해받는 것에 대해서 상당히 민감하게 반응하는 경향이 있으므로 한국에서의 근로문화와 동일하게 생각을 하고 접할 경우 초기에 상당한 어려움을 겪을 수 있다. 따라서 홍콩의 근로문화를 이해하고 사전에 문제가 발생하지 않도록 주의를 하는 것이 가장 좋다.

2. 인재의 고용과 계약체결

1) 구인방법

- 인터넷 구인 사이트 활용

a. JOBSDB : http : //www.jobsdb.com/hk (영, 중문)

b. Classified Post : http : //www.cpjobs.com/hk/ (영어 Only)

c. Recruit : http : //www.recruit.com.hk/ (영, 중문)

d. CT Goodjobs : http : //www.ctgoodjobs.hk (영, 중문)

– 한국인 채용

a. 위클리 홍콩 : http : //www.weeklyhk.com/

b. 네이버 홍콩에서 살기 카페 : http : //cafe.naver.com/liveinhk

c. 코트라 홍콩 무역관

– HR 전문업체를 이용하여 조건에 맞는 인재소개

– 채용 공고 시 주의사항

a. 특정 인종, 특정 성별, 결혼유무 등으로 지원자를 한정짓는 형태의 구인광고는 금지한다.

차별금지 조례 위반의 가능성이 있어 법적 문제가 발생할 수 있으므로 주의가 필요하다.

업무의 특성상 반드시 피고용자에 대해서 조건이 필요할 경우에 한하여 인정된다.

b. 채용 과정에서 수집된 개인정보의 처리에 대해서도 명기를 하는 것이 좋다.

채용 과정 종료 후 3개월 내에 폐기 혹은 즉시 폐기 등의 조건을 명기하는 것이 좋다.

c. 향후 분쟁 방지를 위하여 가급적이면 Job duty를 명확하게 명기하는 것이 좋다.

2) 인터뷰 준비

　－ 사전지식

　a. 대학교 졸업 신입의 일반 사무직 평균 초임은 HKD12,000~ 14,000 정도이나 업종별로 편차가 심한 편으로 HR 전문업체들에서 제공하는 고용시장 업종별 임금 테이블을 참고하는 것이 좋다.

　b. 구인 사이트에서 유사한 업종의 경쟁업체들의 구인 광고를 검색해 보고 급여나 근무환경에 대해서 사전 조사를 하는 것이 좋다.

　c. 전체 고용자 시장의 90% 이상이 고등학교 졸업 이상 학력이며, 40%가 대학교 졸업자이다.

　d. 사무직의 경우 이직이 매우 활발한 편이며, 구정 이후 2~3월의 이직이 많은 시기이며, 11~1월은 이직이 적은 편이다.

　e. 영국식 교육제도를 채택했던 관계로 학제 시스템이 한국과는 상이하여 정확한 매칭은 어려움이 있으며, 원거리 교육시장이 발달한 관계로 영국, 호주의 대학을 졸업하였더라도 실제로는 홍콩에서 교육을 받은 경우도 있으므로 확인이 필요하다.

표기	한국
DR	박사
MS	석사
BA, Degree	학사
Associate Degree	전문대
Higher Diploma, Professional Diploma	
Diploma	
Certificate	
F7/F6	고졸

〈한국과 학위 비교〉

f. 근무 경력에 대해서는 Reference Letter를 통하여 확인, 단 회사에 따라서는 발행하지 않는 경우도 있으므로 없는 경우도 있을 수 있다.

- 인터뷰 시 주의 사항
a. CV상의 근무경험과 Reference Letter를 통하여 채용 업무와의 적합도를 판단해야 한다.
b. 채용 업무에 대해서 전문지식 보유여부 위주로 인터뷰를 진행한다.
c. 채용 확정 시 담당할 상세 업무 내역을 정확하게 전달할 필요가 있다. 고용계약 체결 단계에서 알린 내용과 실제 업무내역에서 차이가 있을 경우 분쟁의 원인이 되기도 한다.
d. 고용 기간 중 구직 활동을 하는 케이스가 많으므로 채용확정 시 업무 시작 가능시점을 반드시 확인해야 한다.
e. 급여, 더블페이, 보너스, 기타 복지 등에 대해서는 구직자들이 민감하게 반응하는 항목이므로 회사의 조건을 정확하게 밝히는 것이 좋다. 특히 홍콩인 구직자들의 경우 적극적으로 요구 수준을 밝혀오기도 한다.

3) 계약서 작성

고용주와 피고용자 사이에는 고용 계약서를 일반적으로 체결한다. 계약을 구두계약 형태로 하더라도 피고용자가 서면 형태로 남기기를 요구할 경우 고용주는 반드시 서면 형태로 남겨야 한다. 고용계약의 내용을 변경하고자 할 경우 최소 1개월 전에 상대방에게 통보하고 동의를 구해야 한다. 고용 계약서는 일반적으로 2부를 작성하여 고용주, 피고용자가 1부씩 보관하는 것이 일반적이다.

일반적으로는 영문으로 계약서를 작성하고, 필요에 따라서 중국어(번체자)로 작성을 하기도 한다.

홍콩 노동국(http : //www.labour.gov.hk/eng/public/emp_cont/) 홈페이지에서 표준 고용 계약서 샘플을 제공하고 있으므로 이를 기반으로 하여 회사의 상황에 맞춰서 내용을 변경하여 사용하거나 전문 HR 업체의 도움을 받아서 회사의 계약서를 만들어서 사용하면 된다.

고용 계약서의 내용은 회사의 상황에 맞춰서 표준 계약서 내용에서 변경이 가능하며 쌍방이 협의할 경우에는 문제가 되지 않는다. 단, 고용조례나 최저임금 관련 규정을 위반하는 계약 내용은 쌍방이 합의를 하였다고 하더라도 분쟁이 발생할 경우에는 무효로 간주될 가능성이 높다. 법정에서 문제가 될 경우 피고용자의 입장이 우선적으로 고려된다.

다음의 내용은 조례에 따라서 고용 계약서 내에 반드시 포함되어야 하는 내용이다.

- 임금(임금, 야근 수당 등 각종 수당을 어떤 기준으로 산정하며, 어떻게 지급할 것인지를 포함)

- 임금 산정 기간

- 고용계약 종결을 위한 사전 통지 기한

- 더블페이를 지급할 경우 지급 시점, 산정방법을 명기

3. 비자 신청

1) 워킹비자(Employment Visa)

홍콩 회사가 홍콩인, 홍콩 영주권자, 디펜던트 비자 소지자 이외의 사람을 직원으로 채용하고자 할 경우 반드시 워킹비자(Employment Visa)를 취득해야 한다. 비자를 취득하지 않은 상태에서 일을 하다가 입경처에 적발될 경우 고용주는 최대 벌금 HKD350,000 및 징역 3년, 피고용자는 최대 벌금 HKD50,000 및 징역 2년과 추방이라는 무거운 벌을 받게 되므로 반드시 워킹비자는 취득을 해야 한다.

홍콩 입경처에서는 홍콩인의 권익보호 차원에서 워킹비자의 발급에 대해서 엄격한 조건을 적용하고 있다. 일반적으로 워킹비자의 발급을 위해서 다음의 조건을 갖춰야 한다.
- 피고용자는 해당 업무에 대한 전문 지식 및 경력을 보유해야 함
- 고용주는 해당 직책에 대해서 충분한 현지인 구인 노력을 했어야 함
- 피고용자는 홍콩에서 생활이 충분할 정도의 급여를 받아야 함
- 고용주는 현재 회사에 충분한 홍콩인 및 영주권자를 채용하고 있어야 함
- 회사는 신규 채용 후에도 회사의 유지에 문제가 없을 만큼의 이익을 내고 있어야 함

이외에도 조건에 따라서는 다양한 증빙자료를 입경처에 제출해야 하며, 일반적으로 1~1.5개월 시간이 소요된다.
회사가 스폰서가 되어 피고용자에게 비자를 발급받을 수 있게 해

주는 것이므로 직장을 그만 두고 이직을 할 경우에 피고용자는 반
드시 스폰서의 변경 절차를 밟아야 한다.

워킹비자를 발급받은 경우 배우자 및 만 18세 미만의 자녀에 대해
서는 동반자 비자(Dependent Visa)를 신청할 수 있다.

2) 디펜던트 비자(Dependent Visa)

홍콩인의 배우자, 워킹비자 보유자의 배우자 혹은 직계 가족은 디
펜던트 비자를 신청할 수 있는 자격이 있다. 디펜던트 비자 소지자
는 특별한 제약없이 홍콩 내에서 취업을 할 수 있는 관계로 일을 구
하기가 쉽다. 워킹비자와 동시에 신청도 가능하며 워킹비자 발급
완료 후 해당 가족들에 대해서만 별도로 신청을 할 수도 있다.

3) 법인 창립자 비자(Entrepreneur Visa)

홍콩에 회사를 설립하여 홍콩에 투자를 하고자 하는 주주가 신청
을 할 수 있는 비자이다. 본인의 자산과 홍콩법인 설립 후 운영계획
및 고용계획, 홍콩에 대한 기여도 등을 근거로 입경처에서 비자 발
급 여부를 결정한다. 매년 법인의 운영 실적을 입경처에 제출해야
하고 갱신을 해야 한다. 비즈니스 플랜에 근거하여 발행되는 비자
인 관계로 난이도는 높은 편이다.

4. 고용 후 해야 할 일

1) 고용신고

고용주는 피고용자를 고용 후 3개월 이내에 세무국에 반드시 고용

신고를 해야 하는 의무가 있다. 홍콩 세무국에서 제공하는 **IR56E** (http : //www.ird.gov.hk/eng/pdf/ir56e_e.pdf)를 작성하여 제출해야 한다. 피고용자 및 배우자의 개인정보, 직위, 고용시점, 급여내역, 주거비 지원 시에는 지원 내역 등을 신고하게 된다.

2) **MPF**(Mandatory Provident Fund) 가입

한국의 퇴직연금에 상당하는 제도로서 정규직, 비정규직에 상관없이 반드시 가입의 의무가 있으며, 미가입 시에는 벌금형 혹은 징역형에 처해질 수도 있다. 피고용자의 급여의 최저 10%(회사 부담 5%, 피고용자 5% 부담)를 매월, 고용주가 피고용자의 **MPF** 신탁 계좌에 적립해야 하며 적립 시기를 놓칠 경우에는 가산금이 추가되기도 한다. 기준이 되는 피고용자의 급여에는 기본 월급, 각종 수당, 커미션, 보너스 혹은 더블페이는 모든 금전적인 이익을 포함하는 개념이다.

해당 월 급여	적립금액	
	고용주	피고용자
HKD7,100 미만	해당 월 급여×5%	적립할 필요 없음
HKD7,100 이상 ~HKD30,000 미만	해당 월 급여×5%	해당 월 급여×5%
HKD30,000 초과	HKD1,500	HKD1,500

고용주는 피고용자의 적립분까지 원천징수를 하여 익월 10일까지 적립계좌에 입금을 해야 한다.

홍콩에서의 체재기간이 13개월 이내의 계약직인 경우에는 가입의 의무가 없다. 즉, 워킹 홀리데이 비자 소비자의 경우에는 **MPF**에 가입할 필요가 없다. 해외에서 유사한 연금제도에 가입되어 연금

을 적립하고 있는 경우에는 가입의 의무가 없다.

피고용자는 원칙적으로는 65세 이후에 연금 수령이 가능하나 영구적으로 홍콩을 떠날 경우에는 1회에 한하여 적립한 연금을 일시불로 수령이 가능하다. 1번 수령한 다음 다시 홍콩에서 취직을 하여 MPF를 납부하는 경우에는 영구귀국을 하더라도 일시불로 수령이 불가능하다.

피고용자는 MPF 적립금에 대해서는 매년 개인 소득세 신고 과정에서 공제를 받을 수 있다.

고용주나 피고용자가 개인적인 의사로 인하여 추가로 적립도 가능하다.

3) 노재보험 가입(Employees' compensation insurance)

피고용자가 업무상의 재해로 인하여 부상을 입거나 장애를 입었을 경우를 대비하는 보험으로 법적 강제사항이다. 노재보험은 회사가 전적으로 부담해야 하는 보험으로 피고용자에게 부담시키는 것을 금지하고 있다. 피고용자가 늘었을 경우에는 즉시 보험회사에 연락하여 보장인수를 늘려야 하며, 일반적으로는 매년 갱신을 해야 하며 만료되기 최소 1개월 전에 연장 수속을 밟아야 보장 기간의 단절없이 유지가 가능하다. 노동국의 단속반이 사무실을 방문하여 가입 여부와 보험증서를 확인하는 경우도 있으므로 보험증서의 기간과 게시를 주의해야 한다. 피고용자가 200명 이하일 경우에는 보장액 HKD1,000,000 이상의 보험에 가입해야 하며, 피고용자가 200명 이상일 경우에는 보장액 HKD2,000,000 이상의 보험에 가입해야 한다.

5. 급여와 휴무

1) 급여(Wage)

급여는 보수, 수익, 수당, 팁, 서비스비 등 업무의 수행에 대해서 계산되어 지급되는 모든 항목을 포함하는 개념이다. 고용주는 피고용인에게 급여 마감일로부터 7일 이내에 급여를 지급해야 하며, 반드시 법정화폐로 지급이 이루어져야 한다. 1개월 이상 급여가 체불시에는 고용주가 사전 통보 없이 고용계약을 종료한 것으로 간주할 수 있으며, 피고용자는 법적으로 임금을 요구할 권리가 있다. 임금이 체불되거나 적게 지급될 경우 노동국에 신고하는 경우가 있고, 노동 재판소에 출석해야 하는 경우가 생길 수 있으며, 의도적으로 월급을 늦게 지급한 것으로 판단될 경우 최고 HKD350,000의 벌금 및 징역 3년에 처해질 수 있다.

2017년 5월 1일자로 개정된 최저 임금 제도에 따라서 시간 당 최저 임금은 HKD34.50으로 상승했다. 고정급여를 기준으로 운영하며, 추가 근무수당이 없을 경우 장시간 노동을 할 경우에는 최저임금 이하로 계산될 가능성이 있으므로 주의해야 한다. 최저 임금을 위반할 경우 최고 HKD350,000의 벌금 및 징역 3년에 처해질 수 있다.

2) 고용주 급여신고 (Employer's Return)

홍콩은 한국과 다르게 원천징수 제도가 없는 관계로 홍콩 세무국에서는 고용주에게 피고용자에게 지불한 급여액을 매년 신고하도록 의무를 부과하고 있다. 매년 4월 이후 세무국에서 고용주 급여신고를 하도록 신고서를 발행한다. 신고 대상 기간은 전년도 4월 1일부터 당해연도 3월 31일까지이며 신고 대상은 대상 기간 내에

HKD132,000(16/17년 기준) 이상 급여를 수령한 자가 대상이 된다. 회사는 고용주 급여 신고서를 수령 후 1개월 내에 신고를 해야 하며 지연 시에는 과태료가 부여된다. 만약 급여를 지급하는 대상이 없다고 하더라도 고용주 급여신고 서류가 발행되었을 경우에는 없다고 반드시 신고를 해야 한다.

3) 근무시간 기록 및 보존

고용주는 피고용자(정규직, 비정규직 불문)의 근무시간을 기록하여 12개월 간 보존할 의무가 있다. 퇴직한 피고용자의 근무 기록도 퇴직 후 6개월 간은 보존할 의무가 있다. 이름, 신분증 번호, 직책, 급여 지불 기간, 지불한 급여, 사용한 휴일(연가, 병가, 출산휴가 포함) 기록, 더블페이 지급 기록, 계약 종료 통지 일자, 계약 종료 일자 등의 정보를 포함해야 한다. 고용주 및 피고용자 쌍방의 이익을 지키기 위해서 기록 및 보존이 필요하다. 향후 권익보호 및 법적 분쟁 발생 시 해결을 위한 기초 자료가 된다.

4) 휴일(Holiday)

7일 근무 중 최소 1일 휴무를 부여하도록 규정하고 있다. 주 5일 근무하는 회사의 경우에는 2일 휴무를 부여하는 것으로 보면 된다. 휴무일에도 급여를 지급하는 것으로 계산할지 휴무일에는 급여를 지급하지 않는 것으로 계산할지는 회사측에서 결정할 수 있다. 휴무일 급여 지급 여부는 향후 각종 급여 및 보상금 산정의 기준이 되므로 중요하다. 휴무와 별개로 반드시 다음과 같은 휴일이 고용조례상에 명기되어 있다.

−법정 휴일(Statutory Holiday)

다음과 같이 반드시 연간 12일의 법정 휴일을 줄 것을 정하고 있다. 만약 회사의 사정에 따라서 해당일자에 휴무가 불가능할 경우에는 회사에서는 대체 휴가를 부여해야 한다.

일자	명칭
1월 1일	새해
음력 1월 1일	농력(음력) 신년
음력 1월 2일	농력 새해 2일째
음력 1월 3일	농력 새해 3일째
음력 3월 8일	청명절
5월 1일	노동절
음력 5월 5일	단오절
7월 1일	홍콩 특별 행정구 성립 기념일
음력 8월 16일	추석 다음날
10월 1일	중국 국경절
음력 9월 9일	중양절
12월 25일	성탄절

−일반 휴일(Public Holiday, Bank Holiday)

법정 휴일과는 별개로 관습적으로 휴일로 지정된 5일을 포함한 총 17일의 휴일이며, 휴일이 일요일과 겹칠 경우에는 월요일이 대체 휴일로 지정된다.

일자	명칭
매년 변동	예수 수난절
매년 변동	예수 수난절 다음날
매년 변동	부활절
음력 4월 8일	석가 탄신일
12월 26일	박싱데이

- 조기 퇴근

법적으로 정해진 것은 홍콩의 관습에 따라서 추석 당일, 동지 등 가족들이 모여서 식사하는 습관이 있는 날에는 조기 퇴근하는 경우가 많다. 홍콩 직원들을 배려하고 문화를 존중하는 차원에서 조기 퇴근을 하는 경우가 있다. 어디까지나 회사측에서 피고용자에게 배려를 해주는 부분으로 강제사항은 아니다.

5) 유급 휴가(Annual Leave)

고용조례에서는 유급휴가의 최저일수에 대한 규정만 있으며 회사에서 탄력적으로 적용할 수 있다. 최저일수 이상의 휴가를 부여하는 경우에는 채용시장에서 회사의 경쟁력이 되며 피고용자들의 애사심을 고취하는 수단이 될 수 있다.

근무년수	유급휴가일수
1년 째	7일
2년 째	7일
3년 째	8일
4년 째	9일
5년 째	10일
6년 째	11일
7년 째	12일
8년 째	13일
9년 째	14일

1년 만근을 기준으로 유급휴가가 발생하는 것이 일반적이나 회사에서 재량에 따라서 사전에 유급 휴가를 부여할 수도 있다.

유급 휴가 계산 시점을 피고용인별 입사일자에 맞춰서 산정하거나 연말 혹은 연초의 특정일을 기준으로 전 사원에서 일괄적용하는 방법으로 쌍방간의 협의를 통하여 정할 수 있다. 당해연도에 발생한 유급 휴가를 전부 소진하지 못했을 경우에는 다음연도로 넘기는 것이 가능하다. 10일을 초과하는 휴가일수가 남을 경우 수당으로 계산하여 수령이 가능하다.

홍콩사람들은 휴가 사용에 대해서 민감하게 반응을 하며 사용 이유에 대해서는 개인 프라이버시 문제로 간주하고 사유를 물어보거나 하지 않는다. 연말 혹은 연휴를 이용하여 여행을 위하여 장기로 사용하는 경우가 많다. 누적된 유급 휴가를 이용하여 장기로 사용하는 것을 사전에 막고자 한다면 고용 계약서에 반영을 하거나 복무규정상의 내용으로 제한하여 고용주와 사전에 협의하도록 하는 것이 좋다.

6) 출산 휴가(Maternity Leave)

고용조례상으로는 출산 전후 휴가를 10주로 정하고 있으며 산전으로 최소 2주, 산후로 8주를 쉬도록 하고 있다. 피고용자는 임신 증명서(의사, 한의사 발행)와 산휴 신청서를 제출하여 산휴를 신청할 수 있다. 출산휴가 취득 전 피고용자가 연속적으로 40주 이상 고용관계를 유지해온 경우 평균 임금 일당의 80%에 해당하는 금액을 회사가 지불해야 한다. 만약 고용 계약기간이 연속 40주 미만인 피고용자가 출산휴가를 취득했을 경우에는 임금을 지불해야 할 필요는 없다.

2015년 2월 말부터 부성휴가 3일을 부여하고 있다. 여성과 마찬가지로 고용 계약기간이 40주 이상일 경우에는 평균임금 일당의 80%에 상당하는 금액을 지급하고 있다.

7) 병가(Sick Leave)

의사 혹은 한의사가 발행한 진단서(Medical certificate)가 있으며, 진단서상 4일 이상의 치료 혹은 요양을 필요로 하는 경우 누적된 병가 일수가 남아 있을 경우에는 병가를 취득할 수 있다. 고용 계약기간이 연속 40주 이상인 경우 피고용자는 병가일수를 누적할 수 있다. 최초 1년간은 1개월 당 2일의 병가일수가 있다. 2년차부터는 1개월 당 4일의 병가일수를 누적시킬 수 있으며, 최대 120일까지 병가 취득일수를 누적시킬 수 있다. 고용 계약기간이 연속 40주 이상일 경우에는 평균 임금 일당의 80%에 해당하는 금액을 병가 수당으로 지급해야 한다.

일반적으로는 복지차원에서 병가 사용을 탄력적으로 적용하는 케이스가 많다.

6. 보너스 및 각종 수당

1) 더블페이와 보너스

더블페이는 연말 혹은 음력 설 전에 추가로 급여를 지급하는 홍콩의 습관이다. 지급액은 일반적으로 1개월치 급여액인 경우가 많으며, 회사의 정책에 따라서 더 많이 지급하는 경우도 있다. 법적으로 지급해야 하는 부분은 아니며 회사의 정책에 따라서 시행여부를 결정할 수 있다. 다국적 기업들의 경우 연봉제 시행으로 인하여 더블페이를 지급하지 않는 경우도 존재한다.

더블페이 제도를 시행하는 경우에는 고용 계약서에 다음 사항들을 명확하게 기재하는 것이 좋다. 1) 산정기간 2) 지급액 3) 지급일 4)

지급기준을 정확하게 하는 것이 좋다. 산정기간 중 입사한 사람에 대해서는 수습을 제외하고 3개월 이상 근무한 경우에는 비율로 계산하여 지급해야 한다. 회사 사정으로 중도퇴직할 경우에는 퇴직일까지의 더블페이를 계산하여 지급해야 한다. 반면 개인사정으로 중도퇴직 혹은 징계해고의 경우에는 지급할 필요가 없다.

보너스는 회사의 실적에 따라서 회사에서 자유재량으로 지급하는 것으로 법적으로 규정된 부분은 없다. 보너스와 더블페이 제도를 시행하는 경우 혼동하지 않도록 보너스 제도를 도입할 경우 매번 보너스 금액을 다르게 지급하는 것도 한 가지 방법이다. 보너스의 경우에도 사전에 목표 설정 및 평가, 지급의 프로세스를 수립하고 피고용자와 사전협의를 하는 것이 좋다.

2) 각종 수당

각종 수당에 대해서는 고용조례에서 법적으로 정하고 있지 않은 관계로 고용주와 피고용자 사이에 합의를 통하여 고용 계약서에 명확하게 명시하는 것이 좋다. 회사에서 제공하는 수당은 원칙적으로 MPF의 산정기준이 되는 피고용자의 급여(Wage)에 포함된다.

a. 잔업수당(Overtime allowance)

법적으로 필수사항은 아니나 업종에 따라서 잔업이 필수인 업종에서는 따로 규정을 마련하여 시행하는 것이 좋다. 사전에 잔업에 대해서 산정기준과 수당 금액 계산에 대해서 명확하게 하는 것이 좋다. 잔업수당을 미지급하면서 잔업이 많아질 경우 저임금 업종의 경우에는 최저 임금 제도를 위반하는 경우가 생길 수 있으므로 조심해야 한다.

b. 교통수당(Travel allowance)

일반적으로는 통근비용에 대해서 지급을 하지는 않으나 본사 규정에
근거하여 동일하게 교통수당을 지급하는 경우가 있을 수 있다. 교통수
당을 지급할 경우 산정 기준이 되는 교통 수단의 기준을 명확하게 해야
한다. 홍콩은 섬에서 배를 타고 출근하는 지역도 있기 때문에 예상보
다 교통수당이 많이 발생하는 경우도 있을 수 있다. 출장 시의 교통수
당을 지급하는 경우에도 출장지에 따라서 교통수당 지급에 대해서 실
비정산 혹은 일비 형태로 지급할 것인지 내부적으로 규정을 명확히 하
는 것을 권장한다.

c. 출장수당(Trip allowance)

출장이 잦은 업종의 경우에는 일비 형태로 수당을 지급하는 경우가 많
다. 교통수당 포함으로 지급할지를 명확하게 표현하는 것이 좋다.

d. 식사수당(Meal allowance)

일반적으로 사무직의 경우에는 식사수당을 지급하지 않는 경우가 대
부분이나 식당의 경우에는 일반적으로 매 끼니를 직원들에게 제공한
다. 이벤트 관련 업종 등 업종에 따라서는 식사수당이나 식사를 제공
하는 경우도 있다.

e. 교육수당(Education allowance)

개인 계발 및 업무능력 향상을 위해서 교육비나 수당을 제공하는 경우
제공 기준 및 확인절차를 명확하게 마련하는 것이 좋다.

7. 태풍 및 폭우 관련 규정

홍콩은 아열대 기후 지역으로 연간 10개 내외의 태풍의 영향을 받는
다. 특히 1~2개의 초대형 태풍의 영향을 받는 경우가 많다. 태풍이 접

근하거나 폭우가 발생하는 경우 홍콩 천문대에서는 관련된 경보신호를 발령한다. 이 경우에는 피고용자의 안전을 최우선으로 대응을 하게 된다. 고용조례에 대응방침에 대해서 규정을 하고 있지는 않으나 홍콩 노동국에서 발표하는 가이드라인에 준하여 대응을 해야 한다.

출처 : 홍콩 천문대/교육국

1) 근무 시간 전 경보 발령 시

태풍 8호, 흑색 폭우 경보 발령 시에는 자택에서 대기하며 경보가 내려 갈 경우에는 2시간 이내에 출근을 해야 한다. 회사에서 내규로 정한 시점까지 경보가 내려가지 않을 경우에는 전일 휴무로 처리하며, 이 경우에는 휴무라 하더라도 급여는 지급된다. 일반적으로는 정오, 오후 2시 혹은 3시를 기준으로 삼는 경우가 많다.

2) 근무 시간 중 경보 발령 시

태풍 8호 예상경보(일반적으로 2시간 전 발령)가 발령되는 경우 회사는 주거지가 먼 사람부터 순차적으로 귀가조치가 가능하다. 태풍 8호가 발령된 경우에는 단계적으로 피고용자를 귀가 조치시켜야 한다. 폭우 흑색 경보가 발령된 경우에는 반드시 안전한 장소에서 대기할 수 있도록 조치를 취해야 한다.

3) 사내 협의 사항

업종의 특성상 반드시 근무가 필요한 경우에는 사전에 조건 및 보상에 대해서 명확하게 명기하여야 한다. 퇴근 후 피고용자가 안전하게 귀가할 수 있도록 고용주는 최선을 다해야 한다.

4) 급여 계산 관련

태풍, 폭우로 인하여 근무를 못한 경우에도 급여에서 공제할 수 없다. 반드시 근무를 해야 할 경우 급여에 수당을 가산 여부에 대해서도 규정을 만들어야 한다. 교통비를 지원해야 하는 경우 어떤 기준으로 지급을 할 것인지도 사전에 규정을 만들어야 한다. 일반적으로 태풍 혹은 폭우 경보 발령 시 택시요금은 웃돈을 요구하는 것이 일반적이기 때문이다.

8. 고용계약 해지

일반적으로 홍콩은 고용시장의 유연성이 높아서 얼마든지 해고를 할수 있다는 이미지가 강하다. 그러나 고용조례나 노동재판소의 구성 등 피고용자의 입장도 충분히 보호하고 있다. 따라서 균형잡힌 입장을 견지하고 있다고 봐야 한다.

1) 고용계약 해지

고용계약을 해지하고 싶을 경우 고용주, 종업원 모두 고용 계약서의 해지 조항에 따라서 상대방에게 계약 해지를 통보하고 계약 관계를 종료할 수 있다.

구분	취업기간	통지시점
수습기간	1개월 내	1일 전 통지
	1개월 이후	1주일 전 통지
수습기간 경과 혹은 수습기간 없는 경우	계약서에 통지시점 명시	계약서 내용에 따름
	계약서에 통지시점 불명시	1개월 전 통지

즉시 고용계약을 해지하고 싶을 경우 쌍방 모두 통지 잔여기간에 발생하는 급여를 위약금 형태로 지불 후 즉시 계약 해지가 가능하다. 업무상 비밀유지가 필요한 업종에서는 이런 방식을 사용하는 경우가 많다.

근무태도 등의 문제로 인하여 징계해고 형태를 띨 경우에는 사전에 충분한 근거가 마련되어야지만 징계해고가 인정된다. 일반적으로는 회사 내 사규 혹은 가이드북을 통해서 내부 제도를 만든 다음 문제가 발생 시 내부 제도에 따라서 경고 레터 통보 등의 절차를 밟아서 징계해고를 해야 향후 노동재판소에서 재판이 진행되더라도 승소할 가능성이 높다.

2) 퇴직금 제도

홍콩에는 한국과 같은 일률적으로 근무연수에 따라서 발생하는 퇴직금 제도가 없다. 단, 일정한 조건하에서 해고 혹은 퇴직하는 경우 고용주가 지급해야 하는 보상금이 발생하기도 한다.

a. 해고 보상금의 수급 조건

해고보상금	
고용기간	조건
24개월 이상 고용 된 경우	a) 인원과다를 이유로 해고 b) 계약기간 만료 후 인원과다를 이유로 해고 c) 일시해고 된 경우

(직전 1개월의 총임금의 3분의 2 혹은 HKD22,500 × 3분의 2 중 적은 금액) × 근무년수

b. 장기 복무금의 수급 조건

장기복무금	
고용기간	조건
5년 이상 고용된 경우	a) 해고된 경우 　(피고용자의 불법행위로 인한 해고, 인원과다로 인한 해고는 제외) b) 계약기간 만료 후 인원과다를 이유로 해고 c) 피고용자의 희망 d) 피고용자가 영구적으로 계약상의 업무수행이 불가능 e) 65세 이상의 노동자의 사직

(직전 1개월의 총임금의 3분의 2 혹은 HKD22,500 × 3분의 2 중 적은 금액) × 근무년수

c. MPF와의 상계

해고 보상금 및 장기 복무금을 지급할 경우 고용 기간 동안 적립한
MPF의 회사 적립분과 상계할 수 있다. 회사가 가입한 MPF 관리회사
의 양식에 맞춰서 사전에 사인을 받고 보상금 지급하는 것이 업무처리
순서이다.

9. 퇴사 신고

고용주는 피고용자 퇴사 후 1개월 내에 홍콩 세무국에 퇴사신고를

반드시 해야 한다. 피고용자가 퇴사 후 홍콩을 떠날 예정인 경우 퇴사 예정일 1개월 전에 세무국에 신고하여 피고용자의 개인 소득세를 정리할 수 있도록 협조해야 한다. 피고용자 사직 후 제출하는 경우에는 IR56F를 작성하여 제출하고, 피고용자가 홍콩을 떠날 예정인 경우에는 IR56G를 작성하여 제출해야 한다. 만약 피고용자가 세금을 해결하지 않고 홍콩을 떠난 경우 고용자에게 대신해서 세금을 물리는 경우가 발생하므로 피고용자가 홍콩을 떠날 예정인 경우 마지막 월급 지급을 보류하고 세금 문제가 해결된 다음 지급하는 경우가 생기기도 한다.

10. 노동재판소(勞資審裁處, Labour Tribunal)

노동재판소는 노사간에서 발생하는 금전적 문제를 단기간에 정해진 규정에 맞춰서 해결하는 것을 목적으로 하는 기관이다. 일반 재판의 경우 쌍방이 막대한 비용과 시간을 들여 하는 반면 빠른 시간 내에 저비용으로 문제를 해결하기 위한 기관이다. 노사간의 문제를 재판으로 가져가기 위해서는 반드시 노동재판소를 거치도록 규정하고 있다.

노동재판소에 다루는 안건에 대해서 상한액은 정해져 있지 않으나, 하한액은 HKD8,000로 규정되어 있다. HKD8,000 이하의 소액청구에 대해서는 고용관계 소액청구 중재소에서 처리하게 된다. 공정성을 지키기 위해서 노동재판소에서는 소송에 관해서는 일체의 법적인 조언이나 지원을 하지 않는다.

주로 노동재판소를 찾게 되는 안건은 다음과 같다.
1) 발생한 노동에 대해서 미지급된 급여

2) 고용주가 사전 통지 없이 고용계약을 해지했을 경우 발생하는 통지 대체금

3) 법정휴일, 연차 미사용 등에 관한 보상금 미지급

4) 해고 보상금 혹은 장기 복무금 등 고용계약 해지 시 발생하는 미지급

5) 더블페이, 보너스, 커미션 지급

6) 피고용자의 일방적인 퇴직 혹은 고용계약 해지에 따른 통지 대체금

11. 차별 조례

홍콩에는 4대 차별 조례가 있다. 감독관청인 기회균등 위원회(Equal Opportunities Commission)는 각종 차별행위에 대한 조사권과 집행권을 가진 조직으로서 차별방지를 위하여 지속적인 활동을 펼치고 있다. EOC는 피해자로부터 고발이 있을 경우 조사, 조정을 진행하지만 상황에 따라서는 피해자에게 소송을 진행하도록 권하기도 한다. 조정이나 재정의 결과 가해자에게는 위자료의 지급을 요구하는 경우가 있으며, 차별조례의 확산으로 인하여 위자료 금액은 점점 늘어나는 추세이다.

1) 성적 차별조례(Sex Discrimination Ordinance)

   −성별, 혼인상황(미혼, 기혼, 이혼 등), 임신을 이유로 하는 차별을 배척

   −Sexual harassment(성희롱)을 배척

2) 장애자 차별 조례(Disability Discrimination Ordinance)

   −장애를 이유로 하는 차별을 배척

   −장애에 대한 희롱을 배척

3) 가족 상황 차별조례(Family Status Discrimination Ordinance)

　　－가족 상황을 이유로 한 차별을 배척

4) 인종차별 조례(Race Discrimination Ordinance)

　　－인종(인종, 피부 색, 가계, 민족, 종족 출신 등을 이유로 하는) 차별을 배척

　　－인종 희롱을 배척

차별에 대해서는 크게 직접적인 차별과 간접적인 차별로 구분하고 있다.

기회균등 위원회가 발행하는 차별철폐를 위한 참고자료 '실시규범 (Code of Practice)'이 있다. 피해자가 기회균등 위원회에 고발을 했을 경우 고용주는 원칙적으로 대리책임을 묻게 된다. 기회균등 위원회의 조정 이나 재판에서 고용주는 차별을 철폐하기 위해서 어떤 노력을 기울여 왔는지가 결론에 큰 영향을 미친다. 따라서 고용주는 기회균등 위원회 의 실시규범에 기준하여 독자적인 룰이나 규범을 만들어서 피고용자 에 대해서 차별 철폐를 위한 회사의 방침을 명확하게 하는 한편, 운영 방법을 갖춰나가는 것이 매우 중요하다.

제5절_ 공증 및 아포스티유

한국의 은행, 관청, 거래선 등에서 홍콩법인과 관련된 서류의 제출을 요구를 받는 경우가 발생하게 된다. 이 과정에서 관련된 서류의 진위

여부를 확인하기 위해서 공증 받은 서류 혹은 아포스티유를 받은 서류를 요구받는 경우가 많다.

1. 공증이란?

공증이란 특정한 사실 또는 법률관계의 존재를 공적으로 증명하는 행정행위이다.[6] 일반적으로는 공증 권한을 가진 변호사가 문서에 대해서 공증절차를 밟게 된다. 단, 제공된 문서에 대해 원본 여부만 확인하며 공증인이 문서의 진위에 대해서는 책임을 지지 않는 경우가 일반적이며, 경우에 따라서 공증 의뢰인이 직접 공증인의 면전의 계약서의 체결, 위임장의 작성 등을 하는 경우에는 해당 내용을 공증 확인서를 작성해 주는 경우도 있다.

2. 아포스티유란?

한 국가에서 발행된 문서가 다른 국가에서 인정을 받기 위해서는 문서의 국외사용을 위한 확인(legalization)을 받아야 한다. 우리나라가 2007. 7. 14 문서발행국가의 권한 있는 당국이 자국 문서를 확인하고 협약 가입국이 이를 인정하는 내용을 골자로 한 '외국문서에 대한 인증의 요구를 폐지하는 협약(일명 아포스티유 협약)'의 가입에 따른 것이다. 홍콩 정부에서 발행된 공문서와 홍콩의 공증인이 인증한 사문서에 대한 문서의 확인은 한국의 영사관에서 영사확인을 받는 것이 아니라 아포스티유(Apostile) 인증을 받아야 우리나라에서도 효력을 가진다.

---

6) 두산백과 사전, http : //terms.naver.com/entry.nhn?docId=1063750&cid=40942&categoryId=31721

3. 아포스티유 대상 문서

1) 홍콩정부 발행문서 : 홍콩법인 관련 기업 등록국, 세무국 등에서 발행한 서류, 출생증명서, 사망증명서, 결혼증명서 등의 공문서
2) 홍콩 공증인이 인증한 사문서 : 회사 내 발행 문서(위임장, 이사회 회의록, 주주총회 회의록 등), 법인 간의 계약서, 개인 간의 계약서 등

4. 아포스티유 절차

1) 사문서의 경우에는 홍콩 공증인에게 인증을 받아야 한다.

공증 받는 내용에 따라서 공증인이 제공 가능한 인증의 범위가 달라질 수 있다.

예를 들어 위임장의 공증의 경우 위임장을 작성하는 본인이 반드시 공증인 면전에서 본인의 의사임을 확인해야지만 위임장의 공증이 가능하다.

단순히 제공된 문서의 복사본임을 확인해 주는 공증의 경우에는 원본 서류만 제공하면 원본 대조필 공증이 가능하다.

따라서 공증을 진행하기 전에 어떤 형태의 공증을 받아야 할지를 사전에 공증인과 면밀하게 협의해야 한다.

2) 정부 발행 공문서 혹은 공증인이 인증한 사문서를 아포스티유 대행기관에 접수한다.

홍콩의 경우에는 고등법원(High Court)에서 아포스티유 인증업무를 하고 있다. 고등법원은 Admiralty 지역에 위치하고 있으며 역과 연결되어 있어 접근성은 편하다. 일반적으로 접수 후 약 2 근무일 후

아포스티유 인증이 완료된 서류를 받을 수 있다.

5. 아포스티유 주의점

1) 사전에 제출처의 용도에 대해서 철저한 확인이 필요하다.

   어떤 내용의 공증이 필요한가에 따라서 진행절차가 달라질 수 있으므로 반드시 사전 확인이 필요하다.

2) 공증인의 공증 확인서는 반드시 제출처에 사전 확인을 받는 것이 좋다.

   절차 진행 중 공증인이 공증 확인서의 초안을 제공할 경우에는 사전에 제출처에 제출하여 제출처에서 원하는 내용이 반영되어 있는지를 사전에 확인하는 것이 좋다. 공증과 아포스티유까지는 비용과 시간이 많이 소요되는 관계로 만일의 경우에 대비하여 가능하다면 사전 확인을 하고 진행하는 것이 좋다.

3) 모든 국가에서 아포스티유가 가능한 것은 아니다.

   한국과 홍콩의 경우 모두 아포스티유 조약에 가입하고 있기 때문에 아포스티유 인증이 양국에서 통용된다. 예를 들어 싱가포르의 경우 아포스티유 조약에 가입하지 않은 관계로 싱가포르에서 발행되는 사문서의 경우에는 한국 대사관의 영사확인 절차를 통하여 확인받은 문서는 한국에서 통용된다. 홍콩의 경우에는 한국 영사관에서 영사확인 절차가 통용되지 않는 관계로 영사관을 방문하더라도 인증을 받을 방법이 없다.

제6절_ 자주 받는 질문

1) 질문 : 법인 계좌 개설은 어떤 자료를 준비해야 하는지요?

    답변 : 은행 계좌 개설을 위해서 필요한 기본적인 자료는 홍콩법인 설립 자료와 홍콩법인이 홍콩에서 영위할 사업에 관한 증빙자료를 준비해야 합니다.

    최근에는 불법자금 세탁, 테러/마약 자금 유입을 방지하기 위하여 홍콩 금융당국에서 규제를 강화하고 있습니다. 따라서 은행에서의 심사가 매우 까다로운 상황입니다. 은행마다 담당자마다 스타일에 따라서 요구하는 자료가 다를 수 있습니다. 따라서 우선 은행에 어떤 자료를 요구하는지를 확인한 다음 자료를 준비하는 것이 좋습니다. 또한, 당사와 같은 전문가의 도움을 받는 것을 추천 드립니다.

2) 질문 : 법인 계좌 개설을 위해서 꼭 홍콩을 방문해야 하는지요?

    답변 : 홍콩 금융당국에서는 은행 계좌 개설 시 반드시 홍콩법인의 이사와 대면 인터뷰를 통하여 문제가 없는지를 확인하도록 하고 있습니다. 따라서 홍콩법인의 이사는 반드시 인터뷰를 진행해야 합니다. 복수의 이사의 경우 전원 참석이 원칙이나 은행에 따라서는 탄력적으로 대응하는 경우도 있으므로 은행측과 협의를 해볼 수도 있습니다.

3) 질문 : 은행 계좌 개설은 영어를 못해도 상관이 없는지요?

답변 : 은행에서는 일반적인 문제가 생겼을 경우 회사의 등록된 이사 혹은 지정된 실무자와 유선상으로 협의하는 경우가 많습니다. 따라서 문제 발생 시를 감안하여 원활한 커뮤니케이션이 반드시 필요합니다. 따라서 은행 계좌 개설 시 영어나 중국어(만다린 포함)를 전혀 못할 경우에는 계좌 개설을 거절하는 은행도 있습니다. 영어는 유창한 영어보다는 간단한 단답형 형태라도 커뮤니케이션이 되는지 여부를 본다고 생각하면 됩니다. 한국계 은행의 경우 일부 업무의 경우 한국어로 업무를 보는 것이 가능하기도 합니다.

4) 질문 : 은행 계좌 개설에는 얼마나 시간이 걸리는지요?

답변 : 홍콩 금융 시스템과 한국을 비교하면 홍콩은 상당히 느린 편에 속합니다. 일반적인 계좌 개설에는 약 1개월의 시간이 소요되며, 이외에 별도 서비스도 상당한 시간이 소요된다고 보면 됩니다. 한국과 같이 당일날 그 자리에서 제공되는 서비스는 없다고 보면 되며, 한국에서는 무료로 제공되는 서비스에 대해서도 수수료를 부과하고 있습니다. 한국과는 금융 시스템이 다르므로 이 부분에 대해선 사전에 인지를 하고 금융 거래를 시작해야 합니다.

5) 질문 : 은행에서 어떤 편지가 왔는데 어떻게 해야 하나요?

답변 : 홍콩의 영미법의 관습에 따라서 모든 중요한 통지는 우편물을 통해서 이루어지는 경우가 대부분입니다. 계좌에 문제가 있거나 확인사항이 있을 경우에는 유선 혹은 우편물

을 통해서 통지를 하는 경우가 대부분입니다. 회신을 요구하는 내용의 레터일 경우에는 꼼꼼히 읽어보고 기한까지 반드시 회신을 하는 것이 좋습니다. 경우에 따라서는 계좌를 은행에서 일방적으로 폐쇄해 버리는 경우도 있습니다. 영어로 된 우편물을 받아서 방치하다가 계좌가 폐쇄되는 경우가 많습니다. 따라서 꼭 읽어보고 대응을 하든지 전문가와 상담을 하는 것이 좋습니다.

6) 질문 : 해외 직접투자 신고는 주변에는 안 하는 사람도 많던데 꼭 해야 합니까?

   답변 : 한국의 규정상 한국거주자 혹은 한국의 회사가 해외에 직접투자를 하는 경우에는 기본적으로 해외 직접투자 신고를 하도록 규정하고 있습니다. 한국과 외국 국가 간 조세 협약 체결, 세계적인 탈세 방지 움직임 등을 감안할 경우 해외 직접투자 신고는 반드시 하는 것을 권해드리고 있습니다.

7) 질문 : 해외 직접투자 신고를 대행해 주실 수는 없는지요?

   답변 : 해외 직접투자 신고는 한국의 규정에 따라서 한국의 외국환 거래 은행에서 진행을 하게 되므로 직접 진행을 해야 합니다. 또한 은행에 따라서 요구하는 서류가 다를 수 있으므로 사전에 은행의 담당자와 협의를 하서서 제출해야 하는 자료를 확인한 다음에 진행하기 바랍니다. 또한 처음 신고 뿐만 아니라 향후 변경신고, 매년 보고에 대해서 은

행측에 꼭 확인을 해보기 바랍니다. 은행의 작은 지점의 경우에는 해외 직접투자 신고를 진행해 본 경험이 있는 은행원이 없을 수도 있으므로 가급적이면 주변의 큰 지점에서 신고를 진행하기 바랍니다.

8) 질문 : 사무실 임대를 했는데 계획과 달리 회사를 폐업처리 해야 할 것 같습니다. 부동산 계약을 어떻게 해야 하나요?

   답변 : 사무실 계약 시 작성하신 계약서에 답변이 나와 있습니다. 홍콩은 철저한 계약 기반 사회인 관계로 계약서의 내용이 모든 내용에 우선 합니다. 따라서 계약서에 기재된 조건이 임차인에게 불리한 내용이더라도 임대인이 편의를 봐주지 않을 경우에는 계약서의 조건대로 계약사항을 이행해야 합니다. 시장상황, 주변 세입자 현황 등을 감안하여 임대인에 따라서는 편의를 봐주는 경우도 있고, 계약 기간을 반드시 지키라는 임대인도 있습니다. 따라서 계약서 작성 시 계약 조건을 정확하게 확인을 해야 합니다.

9) 질문 : 홍콩은 해고가 자유롭다고 들었습니다. 마음에 안 들면 바로 해고해도 되나요?

   답변 : 표면상으로 홍콩의 고용시장의 유연성은 세계적으로 평가를 받고 있습니다. 그러나 홍콩의 고용조례에 따르자면 일정 부분 법률로 피고용자를 보호하는 경향도 있으며, 재판으로 발전할 경우 법원의 판결이 피고용자 쪽으로 기우는 측면도 있습니다. 해고는 규정에 따라서 가능합니다. 고용

계약서의 내용에 기반하여 해고가 적합하게 이루어지는 경우에는 충분히 가능합니다. 따라서 고용 계약서에 따라서 합리적인 해고라면 충분히 가능합니다.

10) 질문 : 회사를 그만둔 직원이 못 받은 급여가 있다고 노동재판소에 신고를 했습니다. 어떻게 해야 하는지요?

   답변 : 홍콩 사람들은 한국 사람들과 달리 본인의 이익이 침해되는 것에 대해서 상당히 민감하게 반응합니다. 한국의 정서인 "좋은 게 좋은 것이다."라는 것은 통용되지 않는다고 보는 것이 좋습니다. 어제 퇴사한 직원이 오늘 신고하는 경우도 빈번하게 일어납니다. 고용계약서와 근무규정에 기반하여 정확하게 고용주와 피고용자의 관계가 유지되었다면 문제가 발생하더라도 문제를 해결할 수 있습니다. 따라서 노무관리는 감정적인 측면에서의 관리보다는 규정에 따라서 정확하게 이루어지느냐 여부가 중요하다고 할 수 있습니다.

11) 질문 : 구인광고를 내려는데 20대 젊은 미혼 한국인 여성만 뽑는다고 광고를 하고 싶은데 괜찮은지요?

   답변 : 홍콩에는 4대 차별 조례가 있습니다. 해당되는 사안에 대해서는 기회균등 위원회에서 고소를 할 수도 있습니다. 상기와 같은 구인광고 내용은 성적 차별 및 종족 차별에 해당될 가능성이 높습니다. 업무의 특성상 제약을 둘 수 있는 경우를 제외하고는 차별적인 요소를 인정하지 않습니다.

12) 질문 : 홍콩은 한국과 같은 퇴직금 제도가 없는지요?

　　답변 : 우선 한국과 같은 일괄적으로 지급하는 퇴직금 제도는 없습니다. 단 특정 조건하에서 퇴직금과 유사한 지급사항이 발생합니다. 2년 이상 근무한 직원을 해고하는 경우에는 해고 보상금, 5년 이상 근무한 직원을 해고하는 경우에는 장기 복무 보상금을 지급하게끔 규정하고 있습니다. 자발적인 퇴사의 경우에는 퇴직금을 지급하지 않습니다.

현지인 채용을 위한 면접을 거쳐서 마음에 드는 직원을 어렵게 발견하고 고용계약도 체결하였다. **홍차장**의 고용비자는 현재 신청 중이며, 가족들의 디펜던트 비자도 같이 신청해서 곧 가족들이 홍콩으로 건너올 예정이다. 홍콩과 한국의 차이에 대해서 각종 계약서 작성 및 준비과정에서 절실하게 느꼈다. 한국식으로만 살아온 본인이 과연 홍콩에서 비즈니스를 잘 해나갈 수 있을지 불안해지는 느낌도 받았다.

chapter **4**

무역관리

홍차장은 본격적으로 영업활동을 시작하면서 거래선 개척을 시작하였다. 홍콩은 자유무역항이라는 이야기를 들은 적이 있어서 자유롭게 모든 것을 할 수 있을 것이라고 생각했다. 그런데 컨설팅 업체 담당자로부터 의외로 여러 가지 제약사항이 있을 수도 있으므로 사전에 확인을 해보라는 조언을 받았다. 급하게 무역에 관한 사항을 조사해야 할 필요가 생겼다.

무역관리

제1절_ 무역에 관한 규제

홍콩은 세계적으로 유명한 자유무역항으로 알려져 있다. 그렇다고 해서 규제가 전혀 없는 것은 아니며 수출입 품목에 따라서 약간의 규제가 있다. 무역에 관한 주 관리감독 관청은 공업무역서(Trade and Industry Department)나, 품목에 따라서는 다른 관청에서 관할권을 행사하기도 한다. 무역 과정에서는 T/T, L/C 등 국제 금융도시답게 다양한 금융 서비스를 이용할 수 있다.

1. 수입품목에 관한 규제

홍콩에서 다음의 제품들을 수입하기 위해서는 라이센스가 필요하다.

품목	관할 관청
위험약물	위생서
제한 화학물질	해관
약품 및 의약품	위생서
한방약 및 중약	위생서
절멸위기종 동물	어농자연호리서
산 동물	어농자연호리서

식물	어농자연호리서
농약	어농자연호리서
방사선 물질 및 조사장치	위생서
전략물자	공업무역서
폭약, 총기 및 총탄	공업무역서, 홍콩경찰, 토목공정탁전서
무기	홍콩경찰
다이아몬드 원석	공업무역서
쌀, 냉동 및 냉장육	공업무역서, 식물환경위생서
사냥한 고기류, 가금류 등	식물환경위생서
오존 소모물자	환경보호서, 공업무역서
무선전달장치	통신사무관리국
광디스크 마스터 및 복사장치	해관
술, 담배, 유류계 탄화수소, 메틸알코올	해관
자동차	운수서
모래	토목공정탁전서

화물이 도착하기 4일 전까지 관할 관청에서 라이센스를 취득해야 한다. 통상적으로 신청 후 발행에 3~4일이 소요되므로 이 일정도 감안해야 한다. 화물 수입 후에는 반드시 통계 집계를 위해서 반드시 정부에 상세한 수입사항을 신고해야 한다.

2. 수출품목에 관한 규제

홍콩에서 다음의 제품들을 수출하기 위해서는 라이센스가 필요하다.

품목	관할 관청
위험약물	위생서
제한 화학물질	해관
약품 및 의약품	위생서
한방약 및 중약	위생서

절멸위기종 동물	어농자연호리서
산 동물	어농자연호리서
식물	어농자연호리서
농약	어농자연호리서
방사선 물질 및 조사장치	위생서
전략물자	공업무역서
폭약, 총기 및 총탄	공업무역서, 홍콩경찰, 토목공정탁전서
무기	홍콩경찰
다이아몬드 원석	공업무역서
쌀, 냉동 및 냉장육	공업무역서, 식물환경위생서
사냥한 고기류, 가금류 등	식물환경위생서
오존 소모물자	환경보호서, 공업무역서
무선전달장치	통신사무관리국
광디스크 마스터 및 복사장치	해관
술, 담배, 유류계 탄화수소, 메틸알코올	해관
자동차	운수서
모래	토목공정탁전서

사전에 관할 관청에서 라이센스를 취득해야 한다. 통상적으로 신청 후 발행에 3~4일이 소요되므로 이 일정도 감안해야 한다. 화물 수출 후에는 반드시 통계 집계를 위해서 반드시 정부에 상세한 수입사항을 신고해야 한다.

– 관청별 영문 명칭
● 위생서(Department of Health)
● 해관(Customs and Excise Department)
● 어농자연호리서(Agriculture, Fisherles and Conservation Department)
● 공업무역서(Trade and Industry Department)
● 홍콩경찰(Hong Kong Police Force)
● 토목공정탁전서(Ciril Engineering and Development Department)
● 식물환경위생서(Food and Environmental Hygiene Department)
● 환경보호서(Environmental Protection Department)
● 통신사무관리국(Communication Authority)
● 해관(Customs Excise Department)
● 운수서(Transport Department)

3. 원산지 증명(Certificete of Origin)

홍콩 원산지 증명서를 발급받으려는 기업은 우선 공업무역서에 등록을 해야만 한다. 일반적으로 수출 시 수입국가에서 관세 우대혜택을 받고자 발급받는 경우가 일반적이다. 원산지 증명서는 다음 단체에서 발급이 가능하다.

1) 홍콩총상회(The Hong Kong General Chamber of Commerce)

2) 홍콩공업연맹(The Federation of Hong Kong Industries)

3) 인도상공회의소(The Indian Chamber of Commerce, Hong Kong)

4) 홍콩중화창상연합회(The Chinese Manufacturers' Association of Hong Kong)

5) 중화총상회(The Chinese General Chamber of Commerce)

제2절_ 수출입에 관한 세금

홍콩은 자유무역항인 관계로 수출입에 대해서 관세가 없다. 그러나 담배, 주류, 메틸 알코올, 탄화수소 기름 4품목에 대해서는 물품세(Excise Duties)를 부과하며, 자동차 수입 시에는 초기 등록세(First Registration Tax)를 부과하고 있다.

1. 물품세

담배, 주류, 메틸 알코올, 탄화수소 기름에 부과되는 세금으로 일반적으론 초기 판매자가 부담하며, 가격에 포함시키는 것이 일반적이다.

담배, 메틸 알코올, 탄화수소 기름에 부과되는 세금은 종류, 무게 등에 따라서 부과되는 세금이 달라진다. 주류에 대해서는 알코올 도수에 따라서 달라지는데 알코올 도수 30% 이하의 주류와 와인에 대해서는 관세가 부과되지 않으며, 30%를 초과하는 경우에는 물품세가 부과된다. 2008년부터 아시아 와인 거래의 중심지로 성장하기 위한 전략으로 와인에 관해서는 무관세 정책과 취급 라이센스 폐지 정책을 실행하여 현재는 아시아에서 가장 활발하게 와인이 유통되는 시장을 구축하게 되었다.

2. 초기 등록세

자동차를 수입할 때 적용되는 관세이다. 홍콩에서 사용되는 모든 자동차에 적용된다. 자동차의 수입판매업자는 사업 시작 후 30일 이내에 홍콩해관에 등록을 해야 하며, 수입일로부터 30일 이내 혹은 배달일로부터 5영업일 전까지는 수입에 관한 신고서를 세무국에 제출하고, 운수서에 초기 등록을 해야 한다. 운수서는 초기 등록세의 산출과 징수를 담당한다.

제3절_ 신용장 업무

중계무역을 하는 사업가들이 홍콩을 선택하는 이유 중 한 가지가 양도 가능 신용장을 이용한 무역거래가 용이하기 때문이다. 양도 가능 신용장에 대해서 설명하면 다음과 같다.

1. 양도 가능 신용장이란

양도 가능 신용장이란 이름 그대로 양도가 가능한(Transferable)한 신용장(Letter of Credit)이다. 일반적으로 중계무역에서는 중계무역 업체가 신용장 개설자(Applicant)에게서 신용장을 받은 다음 공급자에게 신용장의 내용을 일부 변경하여(주로 가격, 수량, 납기일 등) 양도한 다음 거래가 완료되면 순차적으로 현금화가 이루어지는 과정을 밟게 된다.

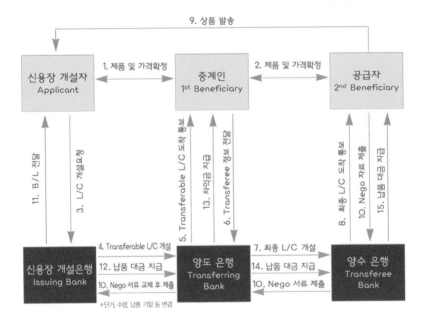

2. 양도 가능 신용장 거래 절차

일반적으로 홍콩 은행들은 신용장 거래를 위해서 별도의 Trading 계좌 혹은 별도의 약정을 요구하는 경우가 일반적이다. 홍콩법인 설립 후 계좌개설 과정에서 은행과 협의하여 계좌개설 혹은 약정을 진행하면 된다.

Transfer를 신청할 때는 일반적으로 은행에 아이템 수량, 가격, L/C 만기일자, 선적 만기일자 등을 변경하여 신청을 하면 된다. Transfer는 특별한 제한이 없는 경우 분할하여 몇 군데의 2차 수익자에게 양도가 가능한 것이 일반적이다. 단, 양도를 받은 2차 수익자는 재양도가 불가능하다.

2차 수익자에게서 Nego 서류가 양도은행에 도착할 경우 1차 수익자는 신용장 개설은행에 제출할 가격이 수정된 인보이스를 비롯한 Nego 신청서를 양도은행에 제출하게 되며, 양도은행은 인보이스를 2차 수익자에게서 제출된 인보이스와 변경하여 신용장 개설은행에 통보를 하게 된다. 이후 신용장 개설은행에서 상품대금이 양도은행으로 지급되면, 차익금을 1차 수익자에게 지불하게 되며 2차 수익자의 대금은 양수은행으로 전달하게 되며 이후 2차 수익자의 계좌로 입금된다.

모든 과정에서 은행은 수수료를 차감하게 되는데 거래 금액에 대해서 일정률로 가져가는 경우가 대부분이므로 거래금액의 1~3% 이상을 수수료로 은행에서 가져가게 된다. 거래 금액이 적을수록 은행이 수수료로 가져가는 수수료율이 높아지게 된다.

3. 양도 가능 신용장 거래 시 주의사항

1) 신용장 거래는 불가피하게 T/T 거래에 비해 높은 은행 수수료를 지불하게 된다. 홍콩 은행들은 수수료가 은행의 주 수입원인 관계로 수수료에 최저 금액 방식과 거래 금액의 일정률로 책정하는 방식을 병용하는 경우가 일반적이므로 거래 금액이 적은 금액일 경우에는 심지어 수수료가 중계무역업체의 이익을 초과하는 경우가 생기기도 한다. 따라서 거래 금액이 적을 경우에는 신용장 거래보다는 T/T 거래를 추천한다.

2) 신용장을 2차 수익자(납품자)에게 양도 시 반드시 가격, 납품일자, 선적일자를 조정해야 한다. 가격은 중계인의 이익을 반영한 가격으로 사전에 신용장 개설자(구입자)와 협의하여 개설을 해야 하며, 양도 시 가격을 조정하게 된다. 납품일자, 선적일자를 조정해야 하는 이유는 2차 수익자가 선적 후 은행에 제출한 Nego 서류가 양수은행, 양도은행을 거쳐서 개설은행에 도착하게 되므로 시간이 충분하게 확보되어야 하기 때문이다.

3) 양도 가능 신용장의 한계는 Applicant와 2nd Beneficiary가 상대방의 정보를 알게 된다는 점이다. 직접 거래가 가능해지는 관계로 어려움이 있을 수 있다.

홍차장은 확인해 본 결과 회사에서 취급해야 할 반도체 관련 기기에 대해서는 특별한 규제가 존재하지 않으므로 향후 제품 수출입에 큰 문제가 없을 것이라는 것을 알고 안심하게 되었다. 왠지 눈 앞의 벽이 하나 사라진 느낌을 받은 홍차장은 보다 적극적으로 거래선 개척을 하기로 마음먹고 내일부터 활동할 예정이다.

chapter 5
조직재편 및 철수

홍콩법인의 영업활동이 본궤도에 올라서 매출도 착실히 늘어나고 있고, 이익도 꾸준히 발생하고 있어서 자신의 능력이 인정받는 것 같은 기분에 취해 있는 **홍차장**에게 한국법인에서 어느 날 연락이 왔다. 회사의 내부 상황에 따라서 해외 자회사의 재편을 준비하고 있으므로 홍콩법인도 폐업이나 매각에 관한 절차를 알아보라는 지시였다. 법인 설립한 지 얼마 되지도 않아 폐업을 알아보라는 지시에 낙담하고 있던 홍차장은 설립 시에 도와준 컨설팅 업체에 연락을 하게 되었다.

조직재편 및 철수

제1절_ 주식 양수도

1. 주식 양수도 절차

1) 회사 정관상 주식 양수도에 관한 내용을 검토

   (회사 정관에 따라서는 제3자에게 주식 양수도 금지 혹은 사전 승인 취득, 이사회의 승인여
   부, 우선주의 발행 제한 등 여러 가지 제약 사항이 있을 수 있다.)

2) 양도인과 양수인 사이의 주식 매매 계약서를 체결
   특별히 법정 양식은 없으나 아래의 내용이 반영되어야 한다.
   a. 매매 당사자의 정보
   b. 매매 주식의 종류
   c. 양수도가 이루어지는 주식 수와 매매대금
   d. 양수도가 이루어지는 날짜
   e. 양수도 대금 지불 방법

3) 이사회에서 주식 양수도를 승인하는 내용의 결의서 승인

4) 양수도 일자 직전 감사보고서를 준비
   감사보고서 작성일로부터 6개월 이상 경과했을 경우에는 양수도
   승인일 직전 6개월의 재무제표를 준비하여 이사가 원본증명 서명

5) 홍콩 세무국 Stamp Duty(인지세) 관련 부서에 주식 양수도에 관한

계약서와 감사보고서(혹은 재무제표) 및 인지세를 납부

6) Stamp Duty 완료 후 Company Secretary(비서회사)는 회사를 대신하여 구 주식증서 폐기 및 신규 주식증서를 발행하여 양수인에게 교부하고, 주주명부를 갱신

7) 다음년 연보고서(NAR1)를 기업 등록국에 제출할 때는 변경된 주주정보를 갱신하여 제출

2. 인지세(Stamp Duty)

1) 인지세 산정 방법

주식 양수도 시에는 거래 금액의 0.1%씩 양도자, 양수자가 부담하게 되며, 매매 계약서 확인용 비용 HKD5가 추가로 부과된다.

예) HKD1,000,000에 해당하는 주식을 양수도하는 경우 양도자 HKD1,000, 양수자 HKD1,000, 확인비용 HKD5, 총 HKD2,005의 인지세가 발생하게 된다.

2) 거래 금액의 적정성 여부

회사 실제 가치가 높으나 액면가로 주식 양수도를 하는 경우에 세무국에서는 실제 거래되는 주식의 가치와 양수도 금액을 비교하는 절차를 거치게 된다. 비상장 회사의 경우 감사보고서 혹은 최근 재무제표상의 회사의 순자산 총액을 주식 수로 나눈 금액(주당 자산가치)을 산출하여 액면가와 비교하여 높은 금액을 대상으로 인지세를 부과하고 있다.

예) 액면가 기준 HKD1,000,000을 양수도를 하려고 하나 장부상 자

산가치가 HKD1,500,000일 경우 양도자 HKD1,500, 양수자 HKD1,500, 확인비용 HKD5, 총 HKD3,005의 인지세가 발생한다.

3. 해외 직접투자 변경신고

한국에서 해외 직접투자 신고를 하고 자본금을 해외송금한 주주가 주식 양수도를 한 경우에는 반드시 변경신고를 한국에 해야 한다. 또한 양수자가 한국거주자 혹은 한국 회사일 경우에는 신규로 해외 직접투자 신고를 해야 한다. 양도자의 경우 회수한 주식 양수도 대금은 반드시 한국으로 회수해야 하며 특별한 경우에 한해서만 해외에서 재투자를 할 수 있다.

제2절_ 자본 증자

1. 자본 증자 절차

1) 회사 정관상 증자에 관한 제약 사항 여부를 확인

2) 신규 주식을 발행하는 경우 기존 주주에게 기존 지분율 비율로 발행하는 것이 아닐 경우에는 주주총회를 통하여 승인이 사전에 이루어져야 함

3) 증자 참여 희망자로부터 의향서를 수령하고 자본금 납입이 이루어졌는지 확인

4) 이사회를 개최하여 증자 희망자의 의향서 수령을 확인하고 증자

에 대한 승인과 신규 주권 발행에 대해서 의결

5) Return of Allotment(NSC1) 양식을 작성하여 증자 1개월 내에 기
업 등록국에 제출

6) 간사는 신규 주식 증서를 증자일로부터 2개월 내에 반드시 발행
해야 하며, 주주명부를 갱신해야 함

7) 다음년 연보고서(NAR1)를 기업 등록국에 제출할 때는 변경된 주
주정보를 갱신하여 제출

2. 주의사항

증자는 비용이 크게 들지 않고 매우 간단하게 이루어지는 반면, 감자는
비용과 시간이 많이 소비되는 관계로 신중하게 증자를 결정해야 한다.

제3절_ 자본 감자

1. 자본 감자 절차

1) 회사 정관상 감자에 관한 제약 사항 여부를 확인

2) 이사 전원이 지불 능력 확인서(NSC17)에 서명

3) 이사 전원이 서명한 지불 능력 확인서(NSC17)를 기업 등록국에 접수

4) 주주총회 개최를 관련자에게 통보

5) 주주총회에서 감자에 관한 결의를 특별 결의 형태로 통과

6) 주주총회에서 결의된 특별 결의서를 15일 이내에 기업 등록국에
   접수

7) 관보에 감자에 관련된 내용을 게재해야 하며 아래 내용이 반드시
   포함되어야 함

   a. 회사의 감자를 공표

   b. 감자 후 자본금의 금액과 결의서 통과 일자

   c. 결의서와 지불 능력 확인서 확인 가능 장소 명기

   d. 주주 중 결의에 반대한 사람이 있을 경우 표기

   e. 채권자가 감자에 반대하는 경우 결의서 통과일자로부터 5주 이
      내에 법원에 결의서 통과 취소를 신청할 수 있음

8) 최소 중문 신문 1종, 영문 신문 1종에 감자에 관한 내용 공지해
   야 함

   대신하여 채권자가 전원 확인되는 경우 채권자에게 통지하는 것으
   로 갈음 가능

9) 만약 5주 내에 감자에 반대한 주주나 채권자가 법원에 감자 결의서
   취소를 요청한 경우 법인은 감자 결의서 취소에 관한 서류(NSC18)를
   기업 등록국에 제출해야 함

10) 만약 5주 내에 반대가 접수되지 않았을 경우에는 자본금 감자
    확인서(NSC19)를 기업 등록국에 제출해야 함

11) 비서회사는 구 주권을 폐기하고 새로운 주권을 발행하여 주주
    에게 지급하고, 주주명부를 갱신해야 함

12) 만약 자본금을 주주에게 반환해야 하는 경우에는 주주에게 회
    사 발행 수표 혹은 현금 형태로 지불

2. 주의사항

법원을 거치지 않는 자본 감자는 시간, 비용 절약이 가능하여 최근 감자에 많이 이용되는 방법이다. 그러나 주주나 채권자가 법원에 취소 요청을 하는 경우에는 법원에서 재판을 통해서 감자를 결정하게 되므로 시간과 비용이 많이 소요된다. 따라서 사전에 주주나 채권자의 의향을 파악한 다음에 감자절차를 진행하는 것을 추천한다.

제4절_ 각종 회사의 폐업

1. 개인 사업자의 폐업

개인 사업자는 개인이 무한 책임을 지는 관계로 폐업의 개념이라기 보다는 사업자 등록증을 취소하는 개념이 적합하다.

세무국에 사업 종료 통지서(IRC3113)를 작성하여 제출하면 사업자 등록증이 취소된다.

2. 지사의 폐업

지사 형태의 회사의 폐업은 기업 등록국과 세무국으로 나뉘어서 진행된다.

우선 기업 등록국에서는 홍콩 지사의 등록종료 통지서(NN13)를 작성 해서 제출하게 된다. 회사의 등록이 말소되더라도 회사의 대표자

(Authorised representative)로 등록된 자는 향후 1년간 연락의 책임을 지게 된다.

세무국에는 사업 종료 통지서(IRC3113)를 작성하여 제출하면 사업자 등록증이 취소된다.

3. 법인의 폐업

다음의 조건을 만족시키는 경우는 청산절차를 거치지 않고 법인의 등기를 말소하는 절차를 밟을 수 있다. 청산절차에 비하여 시간 및 비용의 절감이 가능한 관계로 많이 이용된다. 그러나 반드시 아래의 조건을 만족시키는 상태에서만 진행이 가능하므로 사전에 충분한 확인이 필요하다.

 1) 법인의 모든 주주가 등기 말소에 동의
 2) 법인 설립 후 전혀 비즈니스가 없거나 비즈니스 있었더라도 비즈니스가 중지된 지 3개월 이상 경과된 경우
 3) 법인에는 채무가 전혀 없어야 함
 4) 홍콩 내에서 재판절차에 관여되어 있지 않아야 함
 5) 법인이 홍콩 내에 부동산을 보유하지 않아야 함
 6) 법인이 지주회사인 경우 자회사의 자산에 홍콩 내에 부동산을 포함하지 않아야 함
 7) 금융 관련 법인이 아니어야 함

만약 상기 조건을 만족시키지 않으면서도 폐업을 진행한 경우 발각 시에는 기업 등록국에서 법인에 대해서 고발조치도 가능하다.

폐업 절차는 다음과 같이 진행되며 일반적으로 6개월~1년 이상이 소요되기도 한다.

1) 세무국에 폐쇄 관련 동의서 발급 신청서(IR1263)와 비용 HKD270 을 제출한다.

2) 세무국에서 세무보고 미진행분, 사업자 등록증 갱신 미진행분을 파악한 다음 문제가 없을 경우에는 폐업 동의서(Notice of No Objection) 를 발급하며, 문제가 있을 경우에는 해당 문제를 해결해야지만 폐업 동의서를 발행한다는 안내를 받게 되며, 문제 해결 후 약 1 개월 후에 폐업 동의서가 발급된다.

3) 세무국에서 발행한 폐업 동의서(NNO) 원본과 함께 폐업 신청서 (NDR1)를 작성하여 비용 HKD420과 함께 기업 등록국에 신청한다.

4) 기업 등록국은 수령 후 관보에 해당 법인의 폐업에 관한 공지와 함께 이의가 있는 경우에는 3개월 내에 이의를 제기할 것을 게재 한다.

5) 3개월 내에 법인의 폐업에 대해서 이의를 제기하는 자가 없을 경 우에는 기업 등록국에서 2차로 해당 법인의 폐업이 완료되었음 을 공지하는 내용으로 관보에 게재하게 된다. 이후 법인의 등기 말소가 완료된다.

법인 폐업에 관해서 다음 사항에 대해서 주의해야 한다.

1) 법인 폐업 절차가 진행 중이더라도 계속해서 주주와 이사의 책임 은 유지된다.

2) 법인 폐업 절차 완료 후에도 법인의 등기 말소에 대해서 이의를 제기할 수 있다.

3) 세무국에 폐업 동의서를 신청하는 시점이 사업자 등록증 갱신 시점 이후일 경우에는 갱신 이후에 폐업 동의서를 발행받을 수 있다.

4) 기업 등록국에서 폐업 절차 진행 중에 연보고서(NAR1)를 제출해야 하는 시기가 도래할 경우 법인에서는 연보고서를 제출해야 할 의무가 있다.

제5절_ 회사의 청산

회사의 청산은 청산의 주체가 누구인가에 따라서 구분되며 각 구분에 따라서 청산 절차를 밟게 된다.

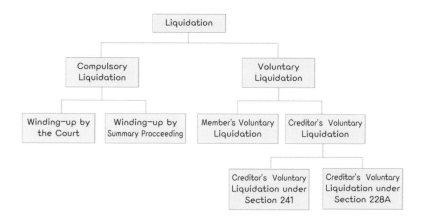

가장 많이 이루어지는 주주에 의한 자발적인 청산에 대해서 설명하면 다음과 같다.

1. 주주에 의한 자진 청산

주주에 의한 자진 청산은 채무의 전액 상환이 가능한 회사만이 진행할 수 있다.

1) 이사회를 개최하여 이사들이 회사의 업무내역, 자산, 채무 등을 파악하여 청산 개시일로부터 12개월 내에 모든 채무가 상환 가능함을 확인한 다음 상환 능력 확인서(NW1)를 작성하여 기업 등록국에 제출한다.

2) 주주총회의 개최를 기준에 따라서 주주에게 통지한다.

3) 주주총회에서는 자진청산을 특별 결의하고 청산인을 임명한다. 특별 결의서의 통과와 함께 회사의 이사의 모든 권한은 정지되고 청산인이 회사의 통제 및 자산 관리를 행사하게 된다.

4) 주주총회에서 통과된 특별 결의서는 통과로부터 15일 내에 기업 등록국에 제출해야 하고 청산인의 임명서류(NW3)를 기업 등록국에 제출해야 한다.

5) 세무국에 사업 종료 통지서(IRC3113)를 제출해야 한다.

6) 관보에 특별 결의서의 통과와 청산인의 선임을 게재한다.

7) 청산인에 의한 청산작업을 진행한다.

8) 청산인은 청산작업을 완료 후 청산 보고서를 작성한다.

9) 최종 주주총회 개최를 주주에게 사전 통보한다.

10) 최종 주주총회를 개최하고 청산인이 회의록에 서명을 하게 된다.

11) 최종 주주총회 회의록과 청산 보고서를 기업 등록국에 제출한다.

12) 3주 이내에 청산인에 의한 청산 완료 통지서(NW5)를 작성하여 기업 등록국에 제출한다.

13) 최종 주주총회 회의록과 청산 보고서 제출일로부터 3개월 후가 법인의 청산완료일이 된다.

청산 절차를 간소화하고 비용, 시간 절감을 위해서 사전에 다음의 작업을 미리 진행하는 것이 좋다.

1) 회사의 업무를 정지한다.

2) 채무초과의 경우에는 증자, 자산 재평가, 채무를 자본 전환 등의 절차를 통해서 사전에 채무초과 상태를 해소한다.

3) 가능한 자산을 현금화하고, 채권을 회수하고 채무를 지불하여 자산은 현금과 예금만을 남기고 채무는 없는 것이 좋다.

제6절_ 자주 받는 질문

1) 질문 : 주식 양수도는 내 마음대로 할 수 있는 것 아닌가요?

　　답변 : 주식에 의한 유한책임회사(Company Limited by Shares)는 사적회사(Private Company)의 형태로 기존의 법인 설립 시 최초 주주간의 협의에 의해서 만들어진 회사이므로 주주간의 협의를 중시합니다. 따라서 법인 설립 시 정관에 기존 주주 이

외의 제3자에게 지분을 양도할 경우 사전에 주주총회에서 승인 후 양수도를 할 수 있도록 하는 제한이 존재할 수 있습니다. 이 부분에 대해서는 회사의 정관을 확인한 다음 진행하기 바랍니다.

2) 질문 : 내가 가진 회사지분을 내 자식에게 무상으로 증여하고 싶은데 가능한가요?

  답변 : 가능합니다. 홍콩에서는 주식 양수도 과정을 일반 양수도와 동일한 절차로 밟게 되며, 인지세는 시가(상장사의 경우), 액면가 혹은 제무재표상의 주당 자산가치 중 높은 금액을 기준으로 인지세를 내게 됩니다. 이후 한국에서도 세무당국에 증여에 대한 신고 및 해외직접투자 변경신고 절차를 밟아야 합니다. 따라서 사전에 한국에서 세무사나 회계사와 상담하는 것을 추천드립니다.

3) 질문 : 사업자 등록증 갱신을 해야 한다는 연락을 비서회사에서 받았습니다. 현재 회사도 제대로 안 돌아가는데 그냥 폐업처리 할 수는 없나요?

  답변 : 폐업을 위해서는 우선 홍콩 세무국의 동의를 받아야 하며, 기업 등록국에 폐업 신고서를 제출하는 절차를 밟게 됩니다. 각각의 관청에서는 법인이 의무를 다했는지를 확인합니다. 세무국에서는 사업자 등록증 갱신 여부, 세무보고 완료 여부를 확인합니다. 기업 등록국에서는 연보고서 제출 여부, 채권자 채무상환 완료 여부 등을 확인합니다. 따

라서 갱신시점이 도래하였을 때 폐쇄를 결정하면 시간적
으로 불가능합니다. 따라서 갱신 완료 후에만 폐업을 진행
할 수 있습니다.

4) 질문 : 법인 설립은 간단하게 했는데 폐업은 왜 이렇게 어렵고 비
용이 많이 들어가나요?

   답변 : 법인 설립은 구성요건만 갖출 경우 설립이 가능합니다. 그
러나 회사가 운영되면서 회사의 직원, 거래선, 채권자 등
여러 이해 관계자가 생기게 됩니다. 따라서 이해 관계자에
대한 회사의 채무 여부 확인, 세금문제 등 폐업 사전에 해
결해야 할 문제가 많습니다. 따라서 시간과 비용이 더 많
이 소요된다고 보면 됩니다.

홍차장은 한국법인에서 홍콩법인의 존속을 통보받았다. 법인의 존속과 함께 향후 홍콩법인의 상장을 검토하라는 지시를 받았다. 한국법인에서는 홍콩법인을 해외법인을 관리하는 지주회사화한 후 홍콩주식시장으로 상장하는 것을 검토하고 있다고 한다. 홍콩법인의 존속이 결정되어 기쁜 한편 앞으로 어떤 일을 해야 할지 걱정이 되기 시작했다.

chapter 6
주식 상장

주식이라고는 한국에서 단타 거래만 몇 번 해본 **홍차장**에게 주식 상장이라는 단어는 너무 어렵게 느껴졌다. 우선 홍콩의 증권거래소에 대한 조사와 상장 조건에 대해서 알아보고자 아토즈 홍콩 컨설팅에 연락을 하였다.

주식 상장

제1절_ 홍콩의 주식시장[7]

2016년 홍콩 증권거래소(HKEX)에서는 126개 회사가 새롭게 상장을 했으며, 자금 조달 총액은 HKD4,900억에 달한다. 시가 총액은 HKD24조 7,631억에 달하며 세계에서도 손꼽히는 주식 거래시장이라 할 수 있다. 신규 상장업체 수는 전년도 대비하여 13% 이상 증가하였으며, 자금 조달 금액도 전년대비하여 18% 이상 증가하였다. IPO는 특히 중국계 업체들의 상장이 증가하면서 계속해서 성장세를 보이고 있는 관계로 향후로도 계속해서 성장할 것으로 예상된다. 2015년에는 상하이-홍콩(沪港通)의 주식시장이 연결되어 쌍방간의 주식 거래량이 증가하였으며, 2016년에는 심천-홍콩(深港通)의 주식시장이 연결되어 쌍방간의 주식 거래량이 증가하였다. 향후로도 중국과의 교류로 인하여 주식 거래량은 계속해서 늘어날 것으로 예상된다.

홍콩 증권거래소의 장점은 다음과 같다.
1) 중국 시장의 관문으로서 시장개척 및 자금 조달이 용이

---

[7] HKEX Fact Book 2016,
http://www.hkex.com.hk/eng/stat/statrpt/factbook/factbook2016/Documents/FB_2016.pdf

2) 국제 기준의 법률, 회계제도가 적용(영국식 Common Law와 IFRS 기준의 적용)

3) 자본이동이 자유롭고 각종 세제혜택이 존재

4) 정보공개, 미국 달러와 페그제 시행, 세계 각국의 은행과 증권회
   사가 집결해 있는 잘 정비된 금융 인프라

대신 다른 국제 금융도시들과 비교할 때 단점도 존재한다.

1) 중국 기업의 상장활동에 대한 의존도가 높음

2) 로컬 마켓의 특성을 지님(국제적으로 유명한 주식보다는 중국에서 유명한 주식
   이 주로 거래)

장·단점이 존재하는 관계로 최근에는 상하이, 싱가포르 증권거래소
와의 경쟁에서 밀리는 듯한 인상을 주기도 한다. 하지만 중국의 관문
이라는 상징성으로 인하여 중국 중앙정부에서 지속적으로 홍콩에 우
대적인 정책을 내놓고 있는 관계로 홍콩 증권거래소만의 장점은 계속
유지될 것으로 관측된다.

제2절_ 주식시장별 구별 및 상장 절차

홍콩 주식 거래시장은 크게 두 가지로 구분된다. 메인보드(일명 주판)와
GEM(Growth Enterprise Market, 창업판)으로 구분된다.

메인보드는 한국으로 비교하자면 KOSPI에 해당하는 시장으로 홍콩
을 대표하는 주식들이 주로 거래되는 시장이다. 일반적으로 복합적인

업무를 수행하는 대기업 위주로 구성되어 있다. 기업구조 자체가 복잡하고, 높은 수준의 이익조건와 재무요건을 충족시키는 회사를 위주로 구성되어 있다. 2016년 말을 기준으로 1,713개 회사가 메인보드에 등록되어 주식이 거래되고 있다.

GEM은 한국으로 비교하자면 KOSDAQ에 해당하는 시장으로 성장성이 있는 중소규모 기업이 기업 공개를 통하여 자본금을 조달하여 기업활동을 하도록 하고 있다. 이익조건이 없는 관계로 향후 회사의 이익 예측을 하지 않는 점이 메인보드와 큰 차이점이다. 2016년 말을 기준으로 260개 회사가 등록되어 주식이 거래되고 있다.

양 시장에 상장을 위해서는 다음의 조건을 만족시켜야지만 상장이 가능하다.

기준항목	Mainboard	GEM
재무기준	1. 이익 테스트 최근 3년간 최소 HKD5,000만 이상 (직전연도에는 최소 HKD2,000만, 직전 2년간에는 최소 HKD3,000만), 상장시 시가 총액이 HKD2억 이상 2. 시가 총액 및 매상액 테스트 상장시 시가 총액이 HKD40억 이상, 최근연도 감사보고서 상 매출액이 HKD5억 이상 3. 시가 총액, 매상액, 캐쉬플로우 테스트 상장시 시가 총액이 HKD20억 이상, 최근연도 감사보고서 상 매출액이 HKD5억 이상 과거 3년간의 영업 캐쉬플로우 합계가 HKD1억 이상 ※상기 3가지 테스트 중 반드시 한 가지를 통과해야 함	과거 2년간의 영업 캐쉬플로우 합계가 HKD2,000만 이상 상장시 시가 총액이 HKD1억 이상
기업 국적	특별히 기업의 국적을 따지지는 않음 단, 투자자 보호를 위해서 국제 표준 또는 홍콩 증권거래소의 기준(Chapter19, Chapter25)를 만족시켜야만 함 상장 회사의 설립국가로 인증한 국가는 홍콩, 중국, 케이만 군도, 버뮤다, BVI 등을 인증하고 있음	
회계 기준	상장하려는 회사는 홍콩 회계 기준(HKFRS), 국제 회계 기준(IFRS), 중국 회계 기준(CASBE) 중 하나를 반드시 충족해야 함 ※CASBE는 중국 기업에 한함	
상장 적합성	상장하려는 기업과 사업에 대해서 홍콩 증권거래소에서 상장에 적합하다고 판단해야 함	

회사 운영실적	3년 이상 동일한 경영진이 운영해야 함 최근 사업연도에 대해서는 동일한 주주가 유지 ※단, 시가 총액 및 매상액 테스트를 통과하는 경우에 는 3년 미만의 영업실적도 가능함	2년 이상 운영 실적이 있어야 함 2년 이상 동일한 경영진이 경영해야 함 최근 사업연도에 대해서는 동일한 주주가 유지 ※단, 새롭게 만들어진 프로젝트 성 기업의 경우와 자 원개발 회사의 경우에는 예외를 인정
최소 시가 총액	HKD2억	HKD1억
일반 투자자를 통한 자금 조달액	최소 HKD5,000만	최소 HKD3,000만
일반 투자자 투자금액	최소 HKD5,000만	최소 HKD3,000만
일반 투자자 수	최소 300명	최소 100명

출처 : HKEX 홈페이지

홍차장은 홍콩법인을 더욱 성장시켜서 상장까지 이루어낸다면 본사의 임원이 되는 것이 더 이상 꿈이 아니라는 생각이 들게 되었다. 힘을 내서 다음 업무를 진행할 수 있을 것 같았다.

chapter 7

홍콩 세무보고

홍콩법인을 설립한 **홍차장**은 지출 영수증과 인보이스가 쌓여갔다. 홍콩법인의 운영으로 발생된 수익과 운영에 사용된 비용은 어떻게 처리하고 관리하게 될까? 홍콩법인의 장부 기록 및 세무보고는 어떻게 할까? 분기별로 요구되는 법인세 및 급여소득 원천징수 신고가 없어 세무보고가 간단한 것이 특징이라고 알고 있지만, 세무보고를 위한 회계장부 정리를 꾸준히 하기로 마음먹은 홍차장은 아토즈 홍콩 컨설팅과 상담하여 홍콩 세무보고에 대해 아래의 내용을 정리하였다.

홍콩 세무보고

제1절_ 회계장부 기록

홍콩법인을 설립하면서 설립비, 자본금 입금 내역, 은행계좌 개설 시 사용된 입금액, 출장항공비 및 호텔비, 사무실 임대료, 직원 급여지급, 교통비 등의 비용이 발생했을 것이다. 이 비용의 영수증 및 은행입출금 내역의 원본을 보관하거나, 스캔하여서 일자 및 내역 별로 정리하여야 홍콩법인의 세무보고에 필요한 장부기록을 할 수 있다. 법인세무 보고를 위해 법인운영에 직접 관련된 비용만 비용으로 기록해야 하며, 직원의 개인적 지출, 업무와 관련 없이 사용된 교통비, 식사비 등은 법인회계장부에 기록하여 비용으로 처리하면 안 된다. 세무보고를 위해 법인의 매입매출 인보이스, 계약서, 대여계약서, 운영경비 영수증원본, 급여대장 등의 내용을 포함한 회계장부를 기록하고 유지해야한다.

제2절_ 회계자료 유지 의무

세무보고가 끝나더라도, 회사 영업활동과 사업소득세 과세의 가장 중요한 자료인 매입매출 인보이스 등의 회계자료를 세무보고 완료일로부터 7년간 유지할 의무가 있다. 회계자료의 범위는 영수증 원본뿐 아니라, 판매처 및 구입처와 주고받은 이메일, 팩스 등의 내용도 포함된다. ERP를 사용하는 업체가 증가하면서, 스캔 데이터와 같은 전자 형태의 자료보관도 가능하므로, 가능한 경우 전자 회계자료를 백업해 놓는 방법이 추후 보관이나 검토에 편리할 것이다. 법인세 신고서 제출 시 감사보고서를 첨부하여 제출하지만, 세무보고 작성에 반영된 회계자료를 첨부하지는 않는다. 세무국은 법인세 과세 후, 혹은 법인운영 순손실 발생으로 과세를 하지 않기로 통지한 이후에도 법인에서 지급된 급여소득세 검토, 홍콩법인 간에 진행한 사업을 반영하여, 회사와 거래하는 상대방의 신고서와 대조하며, 샘플링을 통한 세무조사 등의 과정 중 의문사항이 발생하면, 관련자료를 추가 소명하도록 요청할 수 있다. 세무국은 이미 제출했던 법인세 신고내용에 대해 소명자료를 요청할 수 있으므로 회계자료는 최소 7년간 보관해야 한다. 혹여나 자료제공 불가로 인해 추가 조정 혹은 과세를 피하기 위해서라도 꼭 보관해야 한다.

제3절_ 회계장부 작성 예시

1. 입출금대장 정리양식 예시

법인의 은행계좌를 개설하면 기본적으로 HKD, USD 계좌를 사용한다. 필요할 경우 기타 통화의 계좌를 추가로 개설 및 사용할 수 있다. 홍콩시중 은행 중 가장 보편적인 HSBC의 경우 계좌를 개설하면 하나의 계좌번호 아래에 10여 개의 해외 통화 계좌를 이용할 수 있다. 여러 국가의 통화 사용이 필요한 경우 편리하게 사용할 수 있다. 회계장부 작성은 은행계좌 번호 뿐 아니라 각 통화별 계좌로 분리하여 작성하여야 한다. 회계감사 시에는 선호하는 통화 하나를 선택하여 감사보고서를 작성한다. 일반적으로 HKD로 표시한 감사보고서를 작성하지만, 한국본사 등의 보고 등을 위해 USD로 표시한 감사보고서가 필요한 경우, USD표시 감사보고서의 작성도 가능하다.

다음 페이지에 기재된 예시는 은행계좌 입출금 내역을 정리하는 예시이며, 통화단위별, 계좌번호별 양식을 각각 만들어 사용한다. 은행거래 내역서를 이메일로 받아볼 경우 e-statement에 표시되는 내용은 날짜, 입금 혹은 출금 여부, 해당 금액, 통장표시 내역이며, 장부 정리를 위해 추가적으로 거래내용이 있을 경우 인보이스 번호, 운영에 관련된 내용 및 참조번호를 표시해 놓는다. 은행에 이체로 입출금이 있을 경우 별도의 이체내역서(Bank remittance advice)가 발행된다. 이체로 받는 입금액이나 송금액의 경우 은행 간의 송금 수수료가 발생할 수 있어 이 수수료의 내용을 확인하는 데 이체내역서의 확인이 필수적이다.

예를 들어, 2017년 1월 9일에 S170001라는 매출 인보이스를 HKD100,000만큼 발행했고, 이에 대한 매출액이 HKD99,970만큼 입금되었다면, 이체내역서를 참조하여 은행 수수료 HKD30이 발생하였는지 확인하여야 한다. 이에 대한 장부 기록은 매출액은 HKD100,000, 실수령액은 HKD99,970, 은행 수수료는 HKD30이 된다. 그리고 장부 정리 시 해당 인보이스 번호와 이체내역서 참조번호를 기록해 놓고, 인보이스와 이체내역서를 보관한다.

Business Integrated HKD Savings account							
Date	Description	Withdrawal (HKD)	Deposit (HKD)	Balance (HKD)	REMARK	INV No.	Ref
2017-01-03	Capital Deposit		100,000.00	100,000.00	Share capital - A Deposit		
2017-01-03	Rent	24,000.00		976,000.00	Rent Deposit 2months + 1month rent		
2017-01-08	A Company	80,000.00		896,000.00	Purchase	P170001	매입대장 1
2017-01-09	B Company		99,970.00	995,970.00	Sales	S170001	매출대장 1
2017-01-10	C Company	160,000.00		835,970.00	Purchase	P170002	매입대장 2
2017-01-11	D Company		200,000.00	1,035,970.00	Sales	S170002	매출대장 2
2017-01-12	E Company	240,000.00		795,970.00	Purchase	P170003	매입대장 3
2017-01-13	F Company		300,000.00	1,095,970.00	Sales	S170003	매출대장 3
2017-01-14	G Company	320,000.00		775,970.00	Purchase	P170004	매입대장 4
2017-01-15	H Company		400,000.00	1,175,970.00	Sales	S170004	매출대장 4
2017-01-22	Entertainment	1,000.00		1,174,970.00	EXP	#280133	경비대장 4
2017-01-31	SALARY	41,500.00		1,133,470.00	Salary	HONG GIL DONG	급여대장 1

2. 매출대장 예시

매출대장은 인보이스 발행 시 매출이 일어난 회사, 인보이스 번호, 날짜, 수량, 품명, 단가 및 총 금액을 정리한다. 회계감사 시 인보이스의 일련번호의 연속성을 중요시하므로, 중간에 빠지는 번호가 없도록 발행하고, 취소되는 인보이스의 경우 취소 기록을 남겨 놓는다. 이 내역은 은행거래 내역서의 관련내용 확인에 도움이 된다.

No	Company name	Invoice num.	Invoice Date (YYYY-MM-DD)	Quantity	Item	unit price	Amount
1	B Company	S170001	2017-01-09	10,000	AAA	10	100,000.00
2	D Company	S170002	2017-01-11	10,000	BBB	20	200,000.00
3	F Company	S170003	2017-01-13	10,000	AAA	30	300,000.00
4	H Company	S170004	2017-01-15	10,000	CCC	40	400,000.00

3. 매입대장 예시

매입대장은 인보이스 발행 시 매입이 일어난 회사, 인보이스 번호, 날짜, 수량, 품명, 단가 및 총 금액을 정리한다. 회계감사 시 인보이스의 일련번호의 연속성을 중요시하므로, 중간에 빠지는 번호가 없도록 발행하고, 취소되는 인보이스의 경우 취소 기록을 남겨 놓는다. 이 내역은 은행거래 내역서의 관련내용 확인에 도움이 된다.

No	Company name	Invoice num.	Invoice Date (YYYY-MM-DD)	Quantity	Item	unit price	Amount
1	A Company	P170001	2017-01-08	10,000	AAA	8.00	80,000.00
2	C Company	P170002	2017-01-10	10,000	BBB	16.00	160,000.00
3	E Company	P170003	2017-01-12	10,000	AAA	24.00	240,000.00
4	G Company	P170004	2017-01-14	10,000	CCC	32.00	320,000.00

4. 경비대장 예시

회사 운영 및 유지에 지출된 일체의 경비를 아래 양식을 참조하여 정리해 놓는다. 영수증은 구매한 일자, 구매한 물품 및 서비스의 내역이 명확하게 기록된 것이어야 한다. 해당 영수증에 사용자, 관련내용을 기록해 두고, 비용이 승인 절차를 거쳐서 집행되도록 엄격하게 관리한다. 영수증의 원본이나 스캔사본을 반드시 보관하여, 회계감사 시에 제출하고, 세무보고가 끝난 후에도 7년간 보관해야 할 의무가 있다. 영수증의 원본을 보관할 경우, 보관의 부주의와 시간의 경과로 영수증의 잉크가 날아가는 경우가 종종 있다. 영수증은 월별로 분류하여 스캔한 후, 파일로 보관하는 것을 권장한다. 신용카드로 비용을 결제했다면, 신용카드 명세서만으로는 증빙이 불가능하며 내역명세가 나온 영수증을 꼭 첨부하여야 한다.

No	item	Invoice num.	Invoice Date (YYYY-MM-DD)	Specification	Currency	Amount	HKD Amount	Payment Method (cash, bank)
1	Pringting /stationary	PS140102-2	2017-01-10	A4 & Toner etc	HKD	30	30	Petty Cash
2	Travel	0	2017-01-14	Air ticket	KRW	600.000	4,000.00	Petty Cash
3	Travel	XXXX	2017-01-16	Hotel (JAN.01.2015 to JAN.03.2015)	HKD	3,500.00	3,500.00	Petty Cash
4	Entertainment	#280133	2017-01-22	Entertainment with the client	HKD	1,000.00	1,000.00	BANK (HKD Savings)

5. 급여대장 예시

홍콩법인의 이사급여, 직원급여를 지불한 경우 급여대장을 작성해 급여지급 내역을 기록해 놓는다. 회사에서의 직위, 여권에 기입된 성명, 급여의 금액, 보너스, 급여 외에 주택보조비, 직원자녀 교육비 보조금액, 교육비 보조금액 등이 있으면 보조금 내역(allowance)과 함께 기록하고, 수령한 이사 및 직원의 서명을 득한다. 이 급여대장을 바탕으로 고용주신고 및 직원의 급여소득세신고를 진행한다.

장부기록과 별개로 급여가 지급될 경우 고용계약서를 작성하여 서명한 후 보관해야 하며, 주택보조비가 지급될 경우, 주택임대계약서 및 매월 지불한 내용 증빙, 교육비 보조비가 지급될 경우 해당 교육기관에서 발행한 영수증 사본 등 해당내역에 대한 영수증을 별도로 보관해야 한다.

No	POSITION	NAME	Monthly Salary	Allowance	TOTAL	Signature
THE MONTHLY SALARIES LIST OF Jan.2017						
					Date : 31.Jan.2017 (Currency:HKD Dollar)	
1	Director	HONG GIL DONG	40,000,00	1,500,00	41,500,00	

제4절_ 홍콩 세법의 특징

홍콩 세법은 아래와 같은 원칙을 가지고 있다.

1) 홍콩은 중국의 특별행정구(Special Administrative Region)로서 1997년 중국으로 반환된 후에도, 독립적인 지위를 50년간 보장받은 관계로 독립적인 세제를 유지하고 있다. 이전에 홍콩이 가지던 통상의 자유로움과 세제가 유지되고 있다. 중국과 홍콩은 세법상 구분된 행정구이며, 세금신고의 방법, 과세의 기준 및 운용, 외화관리의 방법 등에 큰 차이가 있다. 이에 많은 한국기업들이 중국으로 진출하는 경우, 홍콩을 경유한 투자를 진행하고 있으며, 관련 국제세법과 관련하여 한국과 중국 간 조세조약과 한국과 홍콩 간의 조세조약을 분리하여 참고한다.

2) 단순한 세제와 낮은 세율(법인세 16.5%, 부동산소득세 15%)

홍콩의 세제는 영토주의 과세, 즉 홍콩에서 발생하거나 홍콩에 원천을 둔 소득에 대해서만 과세하며, 자본적 소득에 비과세하는 특징이 있어, 종합과세하는 한국 및 미국 등의 기타 국가에 비해 세법적으로 비교적 단순한 특징을 가지고 있다. 적용되는 세율 또한 낮은 편에 속한다. 법인 사업소득세의 경우 순소득에 대해 누진세가 아닌 16.5%의 단일 세율을 적용하고, 부동산소득세의 경우 15% 단일세가 적용되며, 급여소득세의 경우 15%의 표준세 혹은 2/7/12/17%의 누진세 적용 중 낮은 금액을 과세한다.

3) 홍콩에서 발생하거나 홍콩에 소득의 원천이 있을 경우에 과세

홍콩에서 과세되는 금액은 거주지역과 큰 관련이 없으며, 홍콩에서 발생한 소득, 혹은 홍콩에 원천을 둔 소득이 있을 경우에 과세된다. 해외에 원천을 둔 소득은 홍콩에서 수령하더라도 홍콩 과세대상에서 제외된다. 한국과 미국의 경우 신고소득의 원천을 전 세계적으로 규정한 것(universal source of income)과 달리 홍콩 원천의 소득만 분리하여 과세하는 점은 홍콩 세무의 큰 특징이다.

4) 자본적 이익금은 과세되지 않음

홍콩에서 과세되는 대상은 사업 및 영업 이익에서 발생된 소득이고, 자본적인 성격을 가진 이익금에는 과세되지 않는다. 대표적으로 투자로 인하여 발생하는 이자, 배당 등에 대하여 과세하지 않는다. 예를 들어 홍콩법인의 설립 후 첫해에 순사업소득이 발생하여 주주에게 배당할 경우, 순소득에서 16.5%의 법인세를 제한 잉여소득에서 배당을 결정한다면, 배당을 받은 주주는 홍콩에 배당세를 지급하지 않는다. 외국인 주주가 홍콩법인에서 배당금을 수령할 경우, 해당 국가의 배당세 규정에 따라 과세를 할 것이나, 홍콩에서는 배당세가 부과되지 않는다.

5) 원천징수가 없음(비거주자와 관련한 일부 거래는 원천징수 대상)

홍콩 세법에는 원천징수가 없어 급여에 대한 원천징수, 부가세, 증여양도세 등이 없다. 그러나 주류나 담배류에 한해 예외적으로 세금이 부과된다. 비거주자에 대해 예외적으로 원천징수하는 조항이 있는데, 비거주자 운동선수 및 연예인의 수입, 비거주자가 제공한 로열티의 경우 홍콩원천의 수익으로 보아 원천징수 한다. 비거주자와 관련한 세무이슈 중 비거주자와 밀접하게 사업을 수행한 홍콩 관계사가, 제3의 거래처와 사업을 했다고 가정할 때보다 낮은 이익을 냈다면 그 내용을 세금회피의 일종으로 보아 정상가격을 기준으로 과세하게 된다.

6) 자발적인 자료 정리 및 신고의무 이행의 중요성

법인세 및 급여소득세에 대해 분기별 보고 등 중간보고 없이 1년에 한 번 신고하고, 한국의 현금영수증 발행과 같은 전자적인 기록이 잘 남겨지지 않는다. 이는 비용에 대한 증빙 보관 책임이 납세자에게 있고, 납세자의 자발적인 신고에 크게 의존하고 있음을 의미한다. 세금을 신고하고 납세하는 당사자에게 기록 및 자료보관의 책임 및 자발적인 장부작성 및 세무보고 의무가 크게 주어지므로 세무신고와 관련하여 각별한 주의를 기울여야 한다.

○ ○ ○ ○

홍콩법인 세무관리!

적시에 거래내역을 기장하고, 증
빙자료를 잘 보관하는 등 자발적
인 노력이 필요하다. 재무제표 작
성 및 감사보고서는 은행거래내
역서의 내역을 기준으로 작성되
므로, 입출금 내역을 기억하고,
매월 기장하기를 권유한다.

홍차장은 아토즈 홍콩 건설팅에서 홍콩법인의 세무에 대한 이야기를 듣고서 홍콩이 왜 비즈니스를 하기에 좋은 곳인지를 이해하게 되었다. 세무회계에 대한 전문적인 지식은 없었지만 충분히 이해할 수 있었고 매월 잘 정리하여 아토즈 홍콩 컨설팅과 협의를 하여 진행하기로 마음을 먹었다.

chapter **8**

직접세

홍콩법인을 설립하고 어느 정도 매입매출이 발생하면서 법인의 손익분기점을 넘어서면서 이익이 발생하기 시작했다. 그렇다면 홍콩법인도 법인세를 내야 할 텐데 홍콩은 어떤 세금이 있는지 **홍차장**은 궁금해졌다. 그리고 본인의 월급은 세금을 어떻게 내야 하는지도 궁금해졌다. 홍콩에 오기 전에 들은 이야기로는 홍콩은 세율이 매우 낮다는 이야기만 들었는데 실제로 어떻게 해야 할지가 궁금해졌다.

직접세

홍콩 세무의 법적인 근거는 세법(Inland Revenue Ordinance), 세무규칙 (Inland Revenue Rules), 법적 구속력은 없지만 실무에 적용되는 견해를 해석한 실무해석(Departmental Interpretation & Practice Notes)으로 나누어진다. 법적 권위의 순위를 매기면, 세법〉세무규칙〉판례〉조세심판원의 결정〉실무해석 순이다.

홍콩의 세법(IRO)의 Chapter 112에 의해, 매년 3월 31일을 결산일로 하여 3가지 직접세를 과세한다. 직접세는 홍콩회사, 파트너십, 신탁, 자연인 등이 과세 대상이 되며, 사업소득세, 급여소득세, 임대료소득세 등 3가지 세금으로 나누어 과세한다. 전년도의 손실금액은 미래의 과세 금액과 상계처리가 가능하다. 이월 결손금은 무기한으로 이월된다.

세금	분류	2008/09 이후 적용세율	세무신고서
부동산소득세 (Property tax)	표준세율	15%	BIR57/ BIR58
급여소득세 (Salaries tax)	표준세율, 누진세율 적용 중 낮은 세액으로 과세	15% 2-17%	BIR60
사업이익세 (Profits tax)	법인 개인회사	16.5% 표준세율(15%)	BIR51/ BIR52/ BIR54

제1절_ 사업소득세(Profits tax)

1. 과세 범위

홍콩의 자연인, 법인, 파트너십, 신탁, 그외에도 무역, 전문업, 사업을 영위하는 단체는 홍콩의 영토에 원천을 둔 모든 소득이 과세대상이 된다. 이때 예외적으로 자본적 자산의 판매로 인한 소득은 과세대상에서 제외된다.

2. 회계연도

전해 4월 1일부터 다음해 3월 31일까지의 1년을 세무연도로 본다. 한국에 보고의무가 있는 법인은 예외적으로 한국과 동일한 12월 31일을 결산일로 삼을 수 있다. 한국의 법인과 재무제표를 연결하여 보고할 필요가 없는 법인일 경우, 홍콩의 결산일인 3월 31일에 따라 결산하게 된다.

3. 세금 신고서 안내 및 기한, 벌금

세무국은 세법[IRO s51(1)]에 근거하여 사업소득신고서(Profit Tax Return)를 매년 4월 첫 영업일에 발행하고, 납세자는 사업소득신고서 발행일 1개월 내에 신고서와 감사보고서, 세무조정 계산서(Tax computation)를 제출하여 세무서의 평가를 받는다.

홍콩법인의 첫 세무보고 신고서는 설립 후 18개월 후에 발행되고,

신고서 발행일로부터 1개월 안에 신고를 완료해야 한다. 연기신청을 통해 발행일로부터 3개월까지 신고기한을 연기할 수 있다. 2차연도 이후의 법인은 최장 8개월까지 신고기한을 연기 신청할 수 있다.

홍콩법인의 세무신고서는 감사 받은 재무제표 기준으로 작성되어야 하며, 세무신고서와 감사보고서를 함께 제출한다. 아래의 경우에 한해 세무신고서 제출 시 감사된 재무제표 제출이 면제될 수 있다. 제출이 면제되는 조건에 해당되어도, 감사보고서 작성의 의무가 면제되는 것은 아니므로, 신고 당시 감사보고서 작성 및 보관의 의무는 여전히 있다.

1) 기업 등록국 정의상 휴면 회사

2) 회계감사를 의무적으로 규정하지 않는 국가에서 설립된 회사

3) 해외 기업의 홍콩 지사의 경우(Hong Kong branch)로서 아래 자료를 제출할 수 있는 회사

   a. 회사 설립국가가 외국임을 증명하는 서류 제출

   b. 설립국이 회사의 전 세계 재무제표를 보고하도록 규정하는지 여부 제출

   c. 감사가 시행되었는지 여부 제출

   d. 홍콩 지사가 기록하고 유지한 약식의 재무제표 제출

모든 홍콩법인은 회계감사 대상이며, 예외적인 경우를 제외하고 세무신고서와 감사 받은 재무제표, 감사보고서, 세금조정 계산서를 함께 제출한다. 1차연도 세무신고서가 18개월 후에 발행되더라도, 모든 홍콩법인은 매년 결산일을 기준으로 직전 세무연도의 회계처리와 감사보고서를 작성하고 보관할 의무가 있다.

세무신고서를 기한 내에 보고하지 않을 시, HKD1,200의 과태료가 부가되고, 추후 대응이 없을 경우 과태료는 계속 증가한다.

4. 사업소득세 과세 대상

아래 세 조건에 부합할 때 사업소득세가 부과된다.

1) 홍콩에서 사업을 영위할 것
2) 소득이 홍콩에서 영위하는 사업에서 발생할 것
3) 홍콩에서 발생하거나 홍콩 원천에서 발생한 소득일 것

　홍콩에서 발생하거나 홍콩 원천에서 발생한 소득은, 홍콩에서 사업을 직접 진행하거나 에이전트를 통해 진행할 경우 모두 해당된다.

▶ 납세의무자

- 법인(corporation) : 홍콩 국내에 법령에 의해서 등록되거나 주식(유한)회사로 신고된 모든 회사(사회단체나 무역협회 등은 제외)
- 파트너십(partnership) : 이윤을 목적으로 2인 이상의 개인이나 단체가 법인화하지 않고 자산이나 서비스를 제공하는 사업체
- 수탁자(trustee) : 위탁자로부터 특정의 재산권을 이전 받아 수익자의 이익을 위하여 그 재산권을 관리, 처분하는 자
- 법인체(bodies of person) : 법인이든 법인이 아니든 관계없이 정치단체, 단체조직, 공제조합, 조합, 사회단체를 모두 포함

▶ 법인세 신고서

신고서	이름	내용
BIR51	Profits Tax Return - Corporations	법인용 사업소득 신고서
BIR52	Profits Tax Return - Persons Other Than Corporations	법인 이외의 사업소득 신고서 (파트너십, 트러스트 등)
BIR54	Profits Tax Return - In Respect Of Non-Resident Persons	비거주자에 과세되는 소득세 신고분이 있을 경우

5. 소득세 과세 대상 항목

무역 및 사업 영업 시 발생한 소득, 대손금, 홍콩 소유의 상표권, 디자인, 지적재산권, 노하우 등의 대여로 발생된 소득, 홍콩에서 사용된 비거주자의 상표권, 디자인, 지적재산권, 노하우 등에 지급한 대여료, 홍콩에 원천을 둔 과세가능 이윤이 거래, 영업 또는 전문직에서 발생한 것이라면 모두 납세의무를 가지며 과세대상이 된다. 이를 판단하는 요건으로는,

① 거래, 영업, 전문직(trade, business or profession)에 종사하고 있는 자가

② 거래, 영업, 전문직의 업무를 수행해야 하고

③ 거래, 영업, 전문직의 이윤은 반드시 홍콩 내에서 유인되거나 발생되어야 한다.

소득의 원천을 결정하기 위한 기본원칙은 이익이 홍콩을 기반으로 한 것인지, 실질적인 운영의 장소가 홍콩인지 역외인지, 이익을 발생시키는 사업수행 장소가 홍콩인지 역외인지, 계약이 체결된 장소가 홍콩인지 역외인지를 고려하여 판단한다. 이 기준으로 판단할 때 홍콩원천 간주 사업소득에는 홍콩 내 영화나 TV 필름·테이프 또는 음향녹음의 전시나 사용으로 인한 대가, 홍콩에서의 지적 자산의 사용권 또는 로열티, 홍콩에서 수행된 사업과 관련된 증여, 보조금 또는 그와 유사한 금전 거래, 홍콩에서 동산 사용에 대한 임대료, 홍콩 내 사업과 관련된 금융기관으로부터의 이자수입, 개인의 사업과 무관한 수입을 제외한 홍콩 발생 이자수입, 개인의 사업과 관련된 정기예금 증서의 처분/할인 및 만기상환/환어음으로부터의 홍콩원천 수입이자 및 처분이익, 자산소득이 발생하는 재산권을 양도하여 주는 대가로 받는 보수 등이 포함된다.

6. 소득세 과세 대상 제외 항목

자본적 성격의 소득에 대해서는 소득세가 부과되지 않는다. 예를 들어 증권 거래 소득, 배당금, 장기대여 이자, 비과세 소득, 이자소득(단, 금융기관이 얻은 이자와 이자비용 공제가 허용되는 차입금의 담보나 지급보증을 위해 사용되는 예금이자는 제외), 타인의 명의로 이미 과세가 이루어진 사업소득, 납세유보증서(tax reserve certificate)의 이자, Loans Ordinance(대부 조례)에 의해 발행된 채권이자와 처분이윤, 외환기금 채무증권(Exchang Fund Ordinance에 의해 발행) 이자와 처분이윤, 다국적 기관이 발행한 홍콩달러 표시 증권의 이자와 처분이자, 자본성자산의 매각이익, 주식차입과 대출거래, 7년 이상 만기 채무증권의 이자 및 이윤, 뮤추얼펀드, 단위신탁, 기타 투자계획의 이윤, 국외펀드 등의 수익은 소득세 과세 대상에서 제외된다.

7. 법인사업소득세 과세소득 계산 방법

최종 과세 이익금＝매출 총이익－비과세소득±각종공제(손금가능비용/손금불산입비용)－결손금 이월공제 ± 균형부과 및 공제－감가상각공제

8. 홍콩법인 비용공제 항목

1) 소득 창출에 쓰인 비용

사업소득세의 대상이 되는 소득을 창출하기 위해 사용된 비용은 공제가 허용된다.

2) 사무실 임대비용

홍콩에 사무실이 없어도, 다른 지역의 사무실 임대비용을 홍콩법

인의 임대비용으로 처리할 수 있다. 이는 영토주의 과세의 방법으로, 홍콩에 물리적으로 거주하는지 여부가 판단의 결정적인 기준이 아니기 때문이다. 과세연도에 홍콩 외의 국가에서 발생한 임대비용도, 홍콩법인의 업무 처리에 사용되었다면, 홍콩법인 명의로 체결한 영문 혹은 중문으로 된 임대차 계약서와 임대비용 지불 증빙이 있으면 비용 처리가 가능하다.

3) 직원 급여

홍콩에서 근무하지 않는 직원에게 홍콩법인의 업무를 수행한 데 따른 급여를 지급하였다면, 법인의 비용으로 처리 가능하다. 급여를 지급받은 직원은 급여소득세의 신고 대상이 될 수 있다. 직원 채용 시 직원의 급여 및 대우 조건이 급여소득세의 대상이 되는 경우, 법인은 직원 채용과 고용계약 해지에 따른 별도의 신고를 세무국에 진행할 의무가 있다(예 : 직원채용 신고 : IR56E, 직원퇴사 신고 : IR56F)

4) 출장비

홍콩법인 설립 및 매입매출처 확보에 쓰인 출장비는 증빙을 잘 갖추어 제출하면 비용으로 처리될 수 있다. 호텔 및 항공권 예약 영수증, 교통비 영수증, 식사 접대 등에 사용된 신용카드 영수증 및 전표 등을 보관하면 홍콩법인의 영업에 사용된 비용으로 반영 가능하다.

5) MPF(강제성 공적금, 한국의 퇴직연금과 비슷)

회사가 불입한 강제 및 자발적 MPF 금액은 총직원 급여의 15%까지만 비용공제가 가능하다.

과세소득을 창출하는 데 투입된 비용은 소득발생지와 무관하게 허용된다. 예를 들어 법률자문 비용, 인지세 등 자금차입 관련 제비용, 차

입금에 대한 이자비용(환차손은 불인정) 등이 포함된다. 현재 건설중인 자산에 대한 차입금 이자인 경우 공사완료 전까지 자본화되었다가 공사완료 후 감가상각이나 처분의 방법에 따라 손금으로 인정된다. 영업목적으로 사용된 사무실 및 토지에 대한 임차료, 외국납부세액, 건물, 기계장치, 공장에 대한 감가상각비, 고정자산의 수선비, 교체비(개량이나 확장 등 자본적 지출은 불인정), 상표권, 의장권, 특허권의 등록비, 사업 타당성 조사 또는 시장조사, 사업 및 관리실태 조사를 포함한 과학적 연구비용 중 특정항목, 승인된 연구기관에 영업과 관련된 기술교육을 위하여 지출한 기술연구비용, 특허권 등 지적재산 취득 비용, 인가된 자선기관에 지급한 기부금(과세소득의 35% 한도) 등이 공제된다.

가사 또는 개인지출 비용은 비용공제가 되지 않으며, 과세소득 창출 목적이 아닌 비용이나 자본지출 및 자본에 의한 손실은 손금으로 불산입되는데 그 이유는 자본지출이나 자본손실은 과세하지 않으므로 공제하지 않는 것을 근거로 삼는다. 이외에도 수리나 교체가 아닌 계량비, 보험 또는 보상계약에 의한 지급보상액, 과세소득 창출 목적으로 사용되지 아니한 시설의 임차료 등, 종업원 급여소득세를 제외한 법령에 따른 각종 세금, 영업주 개인(조합의 경우 개별사원 포함) 또는 배우자에게 지급한 급여, 출자금이나 차입금의 이자 등은 공제받을 수 없다.

9. 특별계층 납세자 과세소득 계산

1) 파트너십

둘 이상의 개인이나 법인이 공동으로 영리목적의 사업을 수행하는 단체로서 총과세가 가능하다. 이익은 합산하여 계산하고, 과세는 개별 파트너에게 부과하여 계산한다.

2) 생명보험회사의 경우 수령한 보험료의 5%를 과세가능이익으로 부과한다. 기타 보험회사의 경우 총보험료, 홍콩에서 발생한 이자수입, 기타소득에 대해 과세한다.

3) 홍콩에서 설립되었거나, 운영되는 선박(항공)회사의 경우 홍콩 선박(항공) 영업소득분과 전체선박(항공) 영업소득 총액과의 비율로 계산한 소득세가 과세된다.

10. 사업소득신고서 발행 예시

〈법인의 사업소득신고서(BIR51)i 예시〉

Date:

Assistant Commissioner

Please refer to the corresponding parts and items in Section G of the Notes.   Exclude cents when stating amounts.

PART 1	STATEMENT OF ASSESSABLE PROFITS OR ADJUSTED LOSS		
1.1	Assessable Profits (before loss brought forward) If NIL, enter "0"	HK$	1
1.2	Adjusted Loss (before loss brought forward) If NIL, enter "0"	HK$	2

PART 2	TAX LIABILITY OR REPAYMENT		
2.1	Tax Payable If NIL, enter "0"	HK$	
2.2	Tax Repayable If NIL, enter "0"	HK$	

"✔" the appropriate boxes

PART 3	GROSS INCOME, SPECIFIED TRANSACTIONS AND MATTERS		Yes	No
3.1	Does your gross income for the basis period exceed HK$2,000,000?		3	
	3.1.1 If no, state your gross income for the basis period.	HK$	4	
3.2	During the basis period, did you pay or accrue to a non-resident person any sum for the use of intellectual property specified in section 15(1)(a), (b) or (ba) of the Inland Revenue Ordinance? If yes, submit details of the sum as stated in the Notes and include the sum in item 11.13.		5	
3.3	Did you have any deemed assessable profits under section 20AE and/or 20AF of the Inland Revenue Ordinance for this year of assessment? If yes, submit the information as required in the Notes.		6	
3.4	Does the amount of the Assessable Profits/Adjusted Loss entered in Part 1 include any profits/loss from "short/medium term debt instruments" or qualifying corporate treasury centre assessable at concessionary tax rate for this year of assessment? If yes, submit the information as required in the Notes.		7	
3.5	Do you claim tax relief for this year of assessment pursuant to an arrangement for avoidance of double taxation specified under section 49(1) or 49(1A) of the Inland Revenue Ordinance? If yes, submit the information as required in the Notes.		8	
3.6	Have you obtained an advance ruling relating to this year of assessment? If yes, submit the information as required in the Notes.		9	
3.7	Do you claim debt treatment for an arrangement for this year of assessment as "an originator" or "a bond-issuer" of a specified alternative bond scheme under section 40AB and Schedule 17A of the Inland Revenue Ordinance?		10	
3.8	Do you claim deduction for distribution arising from regulatory capital securities for this year of assessment?		11	

FOR OFFICIAL USE ONLY

☐ A/C   ☐ C/A   ☐ T/R   ☐ PF Lang. Ind.   ☐ Not for A.A. Ind.   ☐ IR10C/670/1264 issued on _____

☐ IR849 / on-line update for: ☐ B. Name   ☐ B. Add.   ☐ Cess.

BIR51 (4/2016)   本表格的中文版本可經表格傳真服務（電話號碼 2598 6001）索取或在稅務局網頁（網址 www.ird.gov.hk）下載。   P.T.O.
A specimen of the Chinese version of this form may be obtained through the Fax-A-Form service (Telephone No. 2598 6001) or downloaded from the Department's web site (www.ird.gov.hk).

PART 4   DETAILS OF THE CORPORATION

4.1	Postal address if different from that printed on this return:

....

4.2	If the postal address stated in Item 4.1 is the same as your current main business address, "✔" the box.	☐

4.3	Telephone Number: ....

4.4	Principal business activity: ....

Principal product or service: ....

If different from that previously reported, "✔" the box.   ☐

PART 5   RETURN FORM LANGUAGE

If you wish to receive future Profits Tax Returns in CHINESE, "✔" the box.   ☐

PART 6   AUTHORIZED REPRESENTATIVE

(Complete only if you have appointed a representative. Such an appointment is NOT compulsory.)

I hereby authorize ....

of (Address) ....

....

to handle the tax affairs on behalf of the Corporation.

The representative's Business Registration No. and Branch No., if any	☐☐☐☐☐☐☐☐ — ☐☐☐

The representative's Reference No.	☐☐☐☐☐☐☐☐☐

"✔" the appropriate boxes

PART 7   GENERAL MATTERS

			Yes	No
7.1	Are your accounts required to be audited by law?		☐ 12	☐
	If yes, complete Item 7.1.1 and if you are a SMALL corporation, complete also Items 7.1.2 and 7.1.3.			
	7.1.1	Did the Auditor(s) in his/their Report express an adverse opinion or a disclaimer of opinion?	☐ 13	☐
	7.1.2	State the name of the auditor(s) who prepared your Auditor's/Auditors' Report for the basis period:		
	7.1.3	State the date of the Auditor's/Auditors' Report:		
7.2	State your basis period: From .... to		☐ 14	☐
	Is the accounting date for this year different from that of last year?			
7.3	Did you commence business within the basis period?		☐ 15	☐
	If yes, state the date of commencement:			
7.4	Did you cease business within the basis period?		☐ 16	☐
	If yes, complete Items 7.4.1, 7.4.2 and 7.4.3.			
	7.4.1	State the date of cessation:		
	7.4.2	On cessation, was your business or any part thereof transferred to and carried on by another person?	☐ 17	☐
		If yes, state the name of this person:		
	7.4.3	On cessation, were any of the assets of your business sold or transferred to an associated person?	☐ 18	☐
7.5	Are your financial statements prepared in a foreign currency?		☐ 19	☐
	If yes, state the currency and the conversion rate used to convert to HK dollars.			
	Currency .... Conversion rate			
7.6	Are you a private company?		☐ 20	☐
	If yes, complete Item 7.6.1.			
	7.6.1	Has there been any change in your shareholders during the basis period?	☐ 21	☐
7.7	During the basis period, were you a party to an amalgamation under section 680 or 681 of the Companies Ordinance (Cap. 622)?		☐ 22	☐
7.8	During the basis period, were you involved in any processing arrangement in the Mainland of China?		☐ 23	☐
	If yes, complete Item 9.2.2.			

SAMPLE

P.T.O.

"✔" the appropriate boxes

PART 8	TRANSACTIONS FOR / WITH NON-RESIDENTS	Yes	No
	During the basis period did you:		
8.1	sell any goods or provide any services in Hong Kong on behalf of a non-resident person?	☐ 24	☐
8.2	receive, as agent, on behalf of a non-resident person any other trade or business income arising in or derived from Hong Kong?	☐ 25	☐
8.3	carry on business with a closely connected non-resident person? If yes and the person is a corporation, complete Items 8.3.1 to 8.3.3 to state its place of incorporation:	☐ 26	☐
8.3.1	Bermuda / British Virgin Islands / Cayman Islands / Cook Islands / Guernsey / Jersey	☐ 27	
8.3.2	Macao SAR	☐ 28	
8.3.3	Others (please specify)	☐ 29	

PART 9	TAX DATA (Complete all items. If NIL, enter "0".)	HK$	
9.1	Offshore profits **excluded** from the Assessable Profits or Adjusted Loss stated in Part 1		30
9.2	Offshore profits from business (already included in Item 9.1) attributable to:		
9.2.1	the use of the Internet to accept orders, sell goods, provide services or accept payment		31
9.2.2	contract processing or import processing arrangement in the Mainland of China		32
9.3	Profits from sale of landed properties in Hong Kong **excluded** from the Assessable Profits or Adjusted Loss stated in Part 1		33
9.4	Profits from sale of capital assets (other than landed properties in Hong Kong) **excluded** from the Assessable Profits or Adjusted Loss stated in Part 1		34
9.5	Net interest income exempted from payment of Profits Tax		35
9.6	Deduction claimed for approved charitable donations		36
9.7	Deduction claimed for expenditure on research and development		37
9.8	Deduction claimed for expenditure on building refurbishment		38
9.9	Deduction claimed for expenditure on computer hardware and software		39
9.10	Deduction claimed for expenditure on prescribed manufacturing machinery or plant		40
9.11	Deduction claimed for expenditure on environmental protection machinery		41
9.12	Deduction claimed for expenditure on environmental protection installation		42
9.13	Deduction claimed for expenditure on environment-friendly vehicles		43
9.14	Deduction claimed for expenditure on patent rights or rights to know-how		44
9.15	Deduction claimed for specified expenditure on copyrights, registered designs or registered trade marks		45
9.16	Tax relief claimed pursuant to an arrangement stated in Item 3.5:		
9.16.1	foreign tax paid claimed as a tax credit		46
9.16.2	income or profits **excluded** from the Assessable Profits or Adjusted Loss stated in Part 1		47
9.17	Hire charges paid or accrued to non-resident persons for the use of or right to use movable property in Hong Kong		48
9.18	Fees paid or accrued to non-resident persons in respect of professional services rendered in Hong Kong		49
9.19	Fees paid or accrued to closely connected non-resident persons (including those already reported in Item 9.18)		50
9.20	Qualifying profits of a qualifying corporate treasury centre chargeable to tax at the concessionary tax rate		51
9.21	Deduction claimed for interest to non-Hong Kong associated corporations in the ordinary course of an intra-group financing business		52

FOR OFFICIAL USE ONLY

DO NOT WRITE IN THIS SPACE

P.T.O.

PART 10   DEPRECIATION ALLOWANCES CLAIMED (Complete all items. If NIL, enter "0".)

Industrial Building		HK$		Machinery or Plant		HK$	
10.1	Initial Allowance		53				
10.2	Annual Allowance		54				
10.3	Balancing Allowance		55				
10.4	Balancing Charge		56	10.8	Initial Allowance		60
Commercial Building		HK$		10.9	Annual Allowance		61
10.5	Annual Allowance		57	10.10	Balancing Allowance		62
10.6	Balancing Allowance		58	10.11	Balancing Charge		63
10.7	Balancing Charge		59				

PART 11   FINANCIAL DATA (Complete all items. If NIL, enter "0".)

		HK$				HK$	
11.1	Turnover		64	11.12	Commission payments		75
11.2	Opening inventories		65	11.13	Royalty payments		76
11.3	Purchases		66	11.14	Management and consultancy fee payments		77
11.4	Closing inventories		67	11.15	Contractor and subcontractor charges		78
11.5	Gross profit		68	11.16	Bad debts		79
11.6	Gross loss		69	11.17	Net profit per account		80
11.7	Dividend income		70	11.18	Net loss per account		81
11.8	Interest income			11.19	Accounts receivable (trade)		82
11.9	Interest expense			11.20	Accounts payable (trade)		83
11.10	Employee and director remuneration			11.21	Issued share capital		84
11.11	Share-based payments		74				

SAMPLE

PART 12   DECLARATION

I, ... (full name), being **SECRETARY/MANAGER/DIRECTOR/LIQUIDATOR**

(Delete whichever is inapplicable) of ....,

(State full name of the Corporation)

declare that:-

- the whole of the Assessable Profits (or Adjusted Loss) of the Corporation arising during the basis period for the year of assessment as stated in the notice on Page 1 has been disclosed;
- the Supporting Documents referred to in the notice on Page 1 have been prepared;
- this form has been completed in accordance with the Supporting Documents; and
- to the best of my knowledge and belief all the particulars contained in this form and the Supporting Documents are true, correct and complete.

Date ....   *Signature* ....

(Heavy penalties may be incurred for failing to keep sufficient business records, making an incorrect return or committing other offences — See Sections D and E of the Notes.)

DO NOT TEAR OFF THIS PART

File No. _____   Ass't Yr _____

11. 사업소득신고서상의 서약 및 서명

사업소득신고서 중 신고서의 소득과 손실이 정확하게 기록되었고, 감사보고서가 작성되었으며, 감사보고서에 근거하여 신고서가 작성되면 세무보고가 정확하고 빠진 것이 없음을 서약하고 서명하여야 한다. 법인 설립 후 실질적인 영업활동이 없었더라도, 회계장부 작성을 통한 이익, 손실내역을 기록한 후, 그 바탕으로 세무신고서를 제출하여야 한다. 세무신고서 작성의 오류, 회계장부 보관의 의무 위반, 법인 설립 후 매입매출이 발생하기 전이라 하더라도 설립비, 설립한 지 1년이 넘은 법인이라면 법인 갱신 및 연보고 비용, 세무신고 비용 등이 발생하였기 때문이다. 그 비용을 반영한 회계장부를 작성하고, 그 바탕으로 세무신고를 들어가야 세무신고서 서명난의 서약의 위반에 따른 불이익을 피할 수 있다.

I, ... (full name), being ~~SECRETARY/MANAGER~~/DIRECTOR/~~LIQUIDATOR~~

(Delete whichever is inapplicable) of .... ,
(State full name of the Corporation)

declare that:-

- the whole of the Assessable Profits (or Adjusted Loss) of the Corporation arising during the basis period for the year of assessment as stated in the notice on Page 1 has been disclosed;
- the Supporting Documents referred to in the notice on Page 1 have been prepared;
- this form has been completed in accordance with the Supporting Documents; and
- to the best of my knowledge and belief all the particulars contained in this form and the Supporting Documents are true, correct and complete.

Date ....   Signature ....

(Heavy penalties may be incurred for failing to keep sufficient business records, making an incorrect return or committing other offences — See Sections D and E of the Notes.)

12. 신고서 및 감사보고서 제출 완료 후

1) 순손실로 납부할 세액이 없을 경우

당해 납부할 법인세가 없음을 확정받고, 추후 3년간 세무신고서가 발행되지 않는다는 내용의 안내를 받는다. 회기 기간에 순손실이 발생하였다 하더라도 감사 등 세무보고 절차를 생략하도록 허가받은 것은 아니다. 이 기간에도 회계자료 보관, 장부 작성, 회계 감사 등의 의무절차는 계속 이행하고 있어야 한다. 세무신고서가 발행되지 않은 회기에 이익이 발생하여 납부할 법인세 내역이 있을 때는 자발적으로 IR6168 양식을 사용하여 세무국에 납부할 법인세가 있음을 알리고, 세무신고서를 발급받아 신고해야 한다. 홍콩 세무보고는 자진신고에 많이 의존하고 있으므로, 의무규정이 많은 타 국가처럼 신고서가 발행되지 않아 신고를 하지 않았다는 것이 신고 불이행에 대한 이유로 인정받을 수 없다. 세무보고서가 미발행 되는 기간에 발생한 이익을 자발적으로 신고하지 않다가, 시간이 경과하여 세무보고서가 발행된 이후에 신고한다면 자발적 신고의 의무를 위반한 것이 되므로 제재가 가해질 수 있다.

순손실로 발생한 결손금은 기간 제한 없이 이월공제 가능하고, 소급적용 공제는 불가능하다. 법인이 운영하는 여러 사업에서 각각 손실과 이익이 발생했을 경우 상계처리를 할 수 있고, 파트너십에서 결손이 발생할 경우 지분 비율만큼 공제받을 수 있다.

應 課 利 得 稅 通 知 書
Notification of Chargeability to Profits Tax

稅 務 局
香 港 灣 仔 告 士 打 道 5 號
稅 務 大 樓
INLAND REVENUE DEPARTMENT
REVENUE TOWER,
5 GLOUCESTER ROAD, WAN CHAI,
HONG KONG
網址 Web site: www.ird.gov.hk
傳真號碼：
Fax No. 3170 5647

致：稅務局局長
To: The Commissioner of Inland Revenue

我的全名是 _____，香港身分證號碼/護照號碼* 為 _____（　　），
        (先生/女士/小姐*)

I _____ with Hong Kong Identity Card No./Passport No.* _____（　　）
  (Surname First) (Mr / Mrs / Ms / Miss*)

需課繳利得稅。
am chargeable to Profits Tax.

本人的業務資料：
Details of my business(es):
業務名稱：
Business Name(s): _____
商業登記號碼：
Business registration number(s): _____

截至 _____ 全年的估計應評稅利潤為 _____ 元。
    (日 / 月 / 年)
The estimated assessable profits for the year ended _____ are $ _____
                       (DD / MM / YYYY)

如我須要填交報稅表，請寄往以下的通訊地址：
If a tax return is required to be completed, please send it to the following postal address:

_____

_____

簽署：
Signature : _____
(應與報稅表或過往信件的簽署相同)
(Same signature as used in tax returns/past correspondence)
日間聯絡電話號碼
Day-time contact telephone no : _____
日期
Date : _____

* 請將不適用的刪去
  Delete whichever is inapplicable

I.R. 表格第 6168 號(4/2009)
I.R.6168 (4/2009)

2) 순이익으로 납부할 법인세가 있을 경우

당해 납부할 법인세가 확정된 경우 세무국으로부터 세금과 분납액 및 분납일시에 대한 안내를 받는다. 만약 확정된 법인세에 대해 이의가 없다면, 부과된 세금을 2차에 걸쳐 분납할 수 있다. 1차에 세금의 75% 납부, 대략 3개월 후에 2차로 나머지 25%를 납부하면 된다. 당해 세액의 100%를 다음해 법인세로 예납하고, 다음해 1) 납세할 금액이 예납액을 초과하는 경우 초과분만큼 납부하고, 2) 초과하지 않는 경우 환급을 신청할 수 있다. 예납세액 연기신청이 가능한 경우는 예납세액 납부기한 28일 전 이내 또는 예납세액 납부고지서 발행일 기준 14일 이내 중 아래의 사유가 발생한 경우, 납세자 기준으로 세액이 더 적어 유리한 쪽으로 선택이 가능하다.

– 전년도 최종 과세액에 대한 이의신청 중일 때

– 소득이 고지한 소득의 90% 이하로 추정될 경우

– 이월손실을 고려하지 않았거나 계산이 잘못되었을 때

– 사업을 폐업할 예정이거나 폐업했을 때

– 납세자가 부부합산신고에서 개별신고로 변경하여 조세부담의 감소가 예상될 때

홍차장은 홍콩법인 소속으로 직원을 고용하고, 급여를 지급하려고 한다. 이때 어떤 절차가 필요할까? 직원의 채용 후 세무적으로 어떻게 처리하면 될까? 매달 급여에서 원천징수하는 금액이 있을까? 궁금한 홍차장을 위해 직원 채용 및 계약 해지에 필요한 절차를 설명한다.

13. 직원 고용 시 세무국에 필요한 신고

1) 고용주가 하는 신고

직원을 채용한 후 3개월 이내에 근로시작신고서(IR56E 양식)를 작성하여 세무국에 고용 사실을 신고한다. IR56E에 기입되는 내용은 고용계약서에 포함되는 영문이름, 여권정보 등의 직원 신상정보, 급여에 대한 내용과 기혼 여부, 기혼일 경우 배우자의 영문 이름과 여권번호 등이 포함된다. 보너스, 주택보조금 등이 지급될 경우 기입하여 추후 급여소득세 부과에 반영할 수 있도록 한다.

매년 4월 고용주 신고서(IR56A&B)를 접수한다. 전년 4월 1일부터 당해연도 3월 31일 기간 동안 회사에서 피고용인에게 지급한 급여의 총액을 세무국에 신고한다. 세무국은 이 정보를 바탕으로 개인 급여 소득 신고서를 발행한다. 만약 급여 신고대상 직원이 있으나 IR56A&B가 발행되지 않았을 경우, IR6163 양식을 사용하여 IR56A&B 발행을 요청하면 된다.

직원이 퇴사할 경우, 최소 1개월 전에 IR56F/IR56G 양식을 사용하여 직원 퇴사신고를 접수한다. 직원이 홍콩에 여전히 체류하거나, 돌아올 계획일 경우 IR56F 양식을 사용하여 신고하고, 홍콩을 완전히 떠날 경우 IR56G 양식을 사용하여 신고한다.

⟨IR56E 예시⟩

NOTIFICATION
(Under section 52(4) of the Inland Revenue Ordinance, Chapter 112)
BY AN EMPLOYER OF AN EMPLOYEE WHO COMMENCES TO BE EMPLOYED
(To be completed and returned **within 3 months** from date of commencement)

FOR OFFICIAL USE	**E**

INLAND REVENUE DEPARTMENT,
Revenue Tower, 5 Gloucester Road,
Wan Chai, Hong Kong.

ALL CORRESPONDENCE SHOULD BE SENT TO :
P.O. Box 28777, Gloucester Road Post Office, Hong Kong.

Employer's File No. : |___|___|___| — |___|___|___|___|___|___|

Name of employer :
(The Business Name is required) _____

Address of employer : _____

THE FOLLOWING ARE THE PARTICULARS OF THE EMPLOYEE : —

1. Name of Employee (Surname first, followed by a comma and then other names. See Example below) **

Mr/Mrs/Ms/Miss #	Full Name in English	
	Full Name in Chinese	

2. H.K. Identity Card Number .... (This field must be completed) → |___|___|—|___|___|___|___|___|___|(|___|)

3. Passport Number and country of issue (if Employee has no H.K. Identity Card) _____

4. Sex (Insert the appropriate code : M = Male, F = Female) .... (This box must be completed) → |___|

5. Marital Status (Insert the appropriate code : 1 = Single/Widowed/Divorced/Living Apart, 2 = Married) .... |___|

6. (a) If married, full name of spouse _____

    (b) Spouse's H.K. Identity Card Number/Passport Number and country of issue (if known) _____

7. Residential Address _____

8. Postal Address (if different from item 7 above) _____

9. (a) Capacity in which employed _____

    (b) If part-time, the business name of his/her principal employer (if known) _____

10. Date of Commencement of Employment .... |___|___| |___|___| |___|___|
    (Day   Month   Year)

11. Terms of Employment
    (a) Monthly Rate of Fixed Income .... HK$ |___|___| |___|___|___|___|
    (b) Monthly Rate of Allowances (e.g. Cost of Living) HK$ _____ (Exclude cents)
    (c) Fluctuating Income (e.g. Commission, Bonus, Gratuity) HK$ _____
    (d) Particulars of Place of Residence provided (0 = Not provided, 1 = Provided) .... (This box must be completed) → |___|

Address	Nature (e.g. House, Flat, Serviced Apartment, No. of Rooms in Hotel, etc.)	Monthly Rent (HK$)		Refunded to Employee	Paid to Employer by Employee
		Paid to Landlord by			
		Employer	Employee		

12. Business Name and Address of Previous Hong Kong Employer _____

13. Whether the employee was wholly or partly paid by an overseas company either in Hong Kong or overseas (0 = No, 1 = Yes)
    (This box must be completed) → |___|
    If yes, please state :
    Name of the overseas company _____
    Address _____

14. Whether the employee has been conditionally granted a share option prior to commencing to be employed in Hong Kong, which can be
    exercised after rendering services in Hong Kong (0 = No, 1 = Yes)   (This box must be completed) → |___|
    If yes, supply information, as an attachment, on details of the number and type of shares covered by the option, the consideration (if any)
    paid for the grant of the option, the consideration required to exercise the option and the period within which the option must be exercised.

Signature _____ Designation _____ Date _____

** Example : Name of Employee |C|h|a|n| | |T|a|i| |M|a|n| | | | | | | | | | | |

Section 52(4) of the Inland Revenue Ordinance, (Chapter 112), reads : —
"Where any person who is an employer commences to employ in Hong Kong an individual who is or is likely to be
chargeable to tax under Part III, or any married person, he shall give notice thereof in writing to the Commissioner not later
than 3 months after the date of commencement of such employment, stating the full name and address of the individual,
the date of commencement and the terms of employment."

Important Note
Please provide a copy of the completed IR56E to your employee to assist him/her in completing his/her tax return.

Delete where it is applicable

IR56E (3/2014)

FOR OFFICIAL USE

〈IR56F 예시〉

<table>
<tr><td></td><td style="text-align:center">NOTIFICATION
(Under section 52(5) of the Inland Revenue Ordinance, Chapter 112)</td><td>FOR OFFICIAL USE</td><td>56F</td></tr>
</table>

BY AN EMPLOYER OF AN EMPLOYEE WHO IS ABOUT TO CEASE TO BE EMPLOYED
(To be completed and returned **not later than 1 month before** *date of cessation)*

☐ Replacement of the form submitted

on _____ (DD/ MM/ YYYY)

("√" the above box where applicable and fill in the date)

If the employee is about to depart from Hong Kong, please COMPLETE FORM IR56G INSTEAD.

INLAND REVENUE DEPARTMENT
Revenue Tower, 5 Gloucester Road, Wan Chai, Hong Kong.
All correspondence should be sent to : -
P.O. Box 28777 Gloucester Road Post Office, Hong Kong

Employer's File No. : |___|___| — |___|___|___|___|___|___|

Name of employer : _____

(State name of business)

Address of employer : _____

To the best of my knowledge, this employee will NOT be leaving Hong Kong after cessation of employment. The following are the particulars of the employee:

1. Name of Employee

Mr/Mrs/Ms/Miss # # Delete whichever is inapplicable	Surname	
	Given Name	
	Full Name in Chinese	

2. Employee's Tax File No. with this Department

3. *(a) H.K. Identity Card Number .... |___|___|—|___|___|___|___|___|(|_|)
   (b) Passport Number and country of issue (if Employee has no H.K. Identity Card) _____

4. *Sex (Insert the appropriate code: M = Male, F = Female) .... |___|

5. Marital Status (Insert the appropriate code : 1 = Single/Widowed/Divorced/Living Apart, 2 = Married) .... |___|

6. (a) If married, full name of spouse _____
   (b) Spouse's H.K. Identity Card Number/Passport Number and country of issue (if known) _____

7. Residential Address _____ Tel. No.: _____

8. Postal address (if different from (7) above) _____

9. (a) Capacity in which employed _____ (b) If part time, name of the principal employer (if known) _____

10. Expected date of cessation of employment _____

11. Period of employment from the 1 April last to the last date of employment : .... |___|___|___| to |___|___|___|
    Day / Month / Year   Day / Month / Year

12. Reason for cessation (e.g. resignation, retirement, dismissal, death etc.) _____

13. Details of income from the 1 April last to the last date of employment :

	Particulars	Period						Amount (HK$) EXCLUDE CENTS	
		Day	Month	Year		Day	Month	Year	
(a)	Salary/Wages/Director's Fee/Pensions				to				
(b)	Leave Pay				to				
(c)	Commission/Fees				to				
(d)	Payment in Lieu of Notice (will be assessed if accrued on or after 1 April 2013), Back Pay, Terminal Awards or Gratuities (see Note 1 below)				to				
(e)	Certain Payments from Retirement Schemes (see Note 2 below)				to				
(f)	Salaries Tax Paid by Employer				to				
(g)	Gain realized under Share Option Scheme								
(h)	Other Rewards, Allowances or Perquisites e.g. Bonus, Education Benefits, Shares (Nature _____)				to				
(i)	Payments that have not been declared above but which will be made AFTER the employee has left employment are :								
							Total		

14. * Particulars of Place of Residence provided (0 = Not provided, 1 = Provided) .... |___|

Address	Nature (e.g. House, Flat, Serviced Apartment, No. of Rooms in Hotel etc.)	Period Provided		Rent (HK$) Paid to Landlord by		Rent (HK$) Refunded to Employee	Rent (HK$) Paid to Employer by Employee
		From	To	Employer	Employee		

15. * Whether the employee was wholly or partly paid by an overseas company either in Hong Kong or overseas (0 = No, 1 = Yes)........... |___|
    If yes, please state : Name of the overseas company _____
    Address _____
    Amount (if known) (This amount must also be included in item 13) _____

16. Name and Address of New Employer (if known) _____

17. Future Postal Address of Employee (if different from (8) above) _____

Signature _____ Name _____ Designation _____ Date _____

Important Notes
1. Severance payment/long service payment made under Employment Ordinance (after deducting contract gratuities and retirement scheme benefits) should not be included. Only report the excess amount made.
2. Include any payment which you actually received or is taken to have been received from the scheme(s) in respect of voluntary contributions by employer.
3. If there was subsistence or decrease in the amount reported income or amendment of a/that Job must be submitted, furnish a revised Form IR56F and fill in all items attaching the Revised Total Income. Tick the box and enter the date of employed form at the top right corner.
4. Do not file Form IR56B in the following Annual Reporting of Employees' Income in respect of the above case, so as to avoid double counting.
5. Please provide a copy of the completed Form IR56F/Revised Form IR56F to your employee to assist him/her in completing his/her tax return.
   * Must be completed.

IR56F (3/2014)

FOR OFFICIAL USE

176 해외 창업 길라잡이

2) 직원 개인이 신고하는 내용

세무국에서 발행되는 BIR60 양식을 사용하여 급여소득을 신고한다. 만일 급여소득이 있어 급여소득세 과세 대상인 상황에서 개인소득세신고서가 발행되지 않았다면, IR6168 양식을 제출하여 개인소득세신고서 발행을 요청한다. (자세한 내용은 182p, 급여소득세 참조)

14. 사업소득세 역외면세

1) 신청대상

원천주의 과세원칙에 의해, 사업소득세의 경우, 홍콩 원천 소득이 아닌 경우 면제 신청을 할 수 있다. 홍콩 원천 소득이 아님을 증명하는 것은, 사업소득의 발생에 관한 전반적인 활동이 홍콩이 아님을 광범위하게 증명하는 것을 의미한다. 여기에는 계약 조건 협상, 계약 체결, 소득의 창출 및 선적 등의 이동 등이 모두 홍콩 역외에서 일어났음을 증명하는 것이 필요하다. 매입 혹은 매출처 중 홍콩법인이 포함된다면, 역외면세 대상에서 제외된다. 계약 협상, 체결 등이 홍콩에서 일어났다면 소득의 원천을 홍콩으로 보아 역시 역외면세 대상에서 제외된다. 영업이익 창출에 관련한 활동이 모두 홍콩 밖에서 일어났음을 증명하더라도, 이 경우 홍콩법인이 필요한 이유는 무엇인지 질의를 받는 경우도 많다. 법인 운영 및 영업의 실체가 있는 곳에 법인의 물리적 실체가 있는 것이 합리적일 것이기 때문이다. 홍콩이 아닌 국가에서 영업활동이 일어났다면, 그 국가의 사무실에 대한 법적 증빙이나 납세 증빙 제출을 요구받기도 한다.

2) 진행과정

역외면세 지위를 인정받기 위해서도, 우선 법인사업소득신고서에 역외소득이므로 면세 대상이라고 신고한다. 세무국에서 세무신고서에 접수한 후 세무국에서 검토 후 역외면세 신청에 관한 질의서를 받는다. 질의서의 요청사항에 따라 법인의 모든 영업활동이 역외에서 일어났음을 증명하는 내용을 IRD에 작성하여 제출한다. IRD의 검토 후, 추가 질의 및 자료제공을 요청받을 수 있는데, 이때 IRD에 충분한 설명과 자료를 제출하는 것이 필요하다. 법인의 홍콩 내 실제 사무실 운영이 없었고, 등재 이사 및 업무 담당자가 홍콩에 거주하지 않았으며, 무역의 경우 거래 품목이 실질적으로 홍콩을 경유하지 않았음을 증빙자료로 제공 가능하여야 한다. 무역업의 경우 매입과 매출 계약서, 인보이스, 패킹리스트(포장명세서), 선하증권 등의 제공을 요청받는다. 통상 1년의 검토 후 세무국에서 승인 혹은 거절 통지를 주며, 거절의 경우 납세고지서를 발행하여 보내온다.

역외면세 사업구조 설계는 법인 설립 시부터 확실하게 진행하는 것이 좋다. 첫 번째 세무신고 시기가 도래했을 때, 역외면세 자격을 신청하려다 보면 역내 영업활동이 있었던 경우가 되어 신청을 못하는 경우도 있기 때문이다. 그리고 역외면세 신청을 진행할 때, 질의에 잘 대응하는 것과 직접 대응이 어려울 경우 전문가를 고용하여 대응하는 것이 역외면세 승인을 받는 데 더 효율적이다.

역외면세 지위 인정은 홍콩에서 발생한 수익이 홍콩 역외에서 발생함을 증명하여 홍콩납부 법인세를 면제받는 것을 의미하며, 전세계적인 면세 인정이 아니므로 여전히 그 수익의 원천이 된 국가에서 법인세가 과세될 수 있다.

15. 비거주자 세무 이슈

홍콩의 비거주자도 홍콩에서 발생하는 소득이나 홍콩에 원천을 둔 소득이 있으면 임대소득세, 급여소득세, 사업소득세의 대상이 될 수 있다. 거주자와 비거주자에 적용되는 세율은 동일하다.

1) 거주자와 밀접히 연관된 사업 영위(s.20)

비거주자와 거주자가 함께 영위한 사업에서, 거주자가 시중의 이익률보다 낮거나 이익을 얻지 않는다면, 거주자의 해당 거래는 비거주자가 홍콩에서 거주자를 대리인으로 하여 에이전트 계약을 하고 사업을 영위한 것으로 판단하여 과세한다. 또한 특수 관계가 있는 법인 간의 거래 시 지급총액의 100%를 과세소득으로 보기 때문에 지급총액의 16.5%를 원천징수한다.

2) 위탁판매(s.20A)

홍콩 거주자가 비거주자의 위탁을 받아 재화를 판매하고 있다면, 거주자는 매분기마다 총매출액을 세무국에 보고해야 하고, 세무국에 총매출의 1%를 예납해야 하며, 비거주자 분의 징세를 대비하여 예상 납세액만큼 원천징수를 해야 한다.

3) 에이전트 원천징수(s.20A)

비거주자의 에이전트로 행사하는 홍콩 거주자는 비거주자 분의 징세를 대비하여 예상 납세액만큼 원천징수를 해야 한다.

4) 로열티 원천징수(s.20B)

비거주자 소유의 상표권, 지적재산 등을 홍콩 거주자가 사용하고 로열티를 지급할 경우, 소득의 원천을 홍콩이라 판단해 비거주자는 홍콩에 소득세를 납부하여야 하고, 거주자가 원천징수 후 로열티를 지급하는 것으로 징수한다. 로열티를 지급하는 거주자가 비거주자와 관계기업이 아닐 경우, 로열티 지급액의 30%가 과세대상 금액이 되며, 법인세인 16.5%를 적용하면, 거주자가 원천징수하는 금액은 로열티 총액의 4.95%가 된다. 만약 로열티가 비거주자인 관련기업에 지급되었을 경우, 16.5%가 과세된다. 거주자는 세무국에 로열티 지급 사실과 예상되는 로열티 금액을 세무국에 레터 형식으로 미리 알리고, 로열티에 대한 원천징수금은 홍콩의 법인세 과세 시 함께 신고하고 납세한다.

로열티 소유자 및 수령자	거주자와의 관련성	원천세율 (법인/개인)
홍콩 비거주자	비관련인	4.95%/4.5%
홍콩 비거주자	관련인	16.5%/15%

5) 비거주자 운동선수, 연예인

비거주자인 연예인이나 운동선수가 홍콩 내에서 공연을 하고 받은 공연료의 경우, 지급총액의 1/3에 해당하는 비용공제를 허용하고, 실비가 더 많은 경우 실비공제를 선택할 수 있다. 소득을 지급하는 자는 지급 총액의 10%(=15% × 2/3) 혹은 실비공제 후 이익의 15% 금액 중 적은 금액을 원천징수한다.

6) 영화나 TV필름·테이프 등의 사용료

영화 또는 음향녹음, 이와 관계된 광고자료의 홍콩 내 전시 또는 사용과 관련하여 수취한 사용료, 특허권, 설계, 상표권, 저작권, 비밀공정이나 공식, 기타 이와 유사한 성격의 기타 자산이 홍콩 밖의 사용 또는 사용을 위한 권리와 관련하여 수취한 사용료의 경우, 지급 총액의 30%를 과세소득으로 간주하며, 소득을 지급하는 자는 총액의 4.95%(법인세 16.5% ×30%로 계산)를 원천징수한 후 비용을 지급한다.

홍차장은 홍콩법인 관리와 영업 총책임의 업무에 대한 대가로 급여를 지급받았다. 수령한 급여에 대한 소득세 신고 시기와 방법, 공제되는 내역에 대해 확인해 보고, 근로소득세 계산도 직접 진행해 보고자 관련된 사항을 아토즈 홍콩 컨설팅에 문의하였다.

제2절_ 급여소득세

　개인의 거주지, 주소 혹은 홍콩국적이 아니거나, 기타국가의 시민권을 가지고 있는 것은 개인 급여소득세 납세의무와는 무관하게 급여소득세를 납부해야 한다. 홍콩에서 발생되지 않은 고용으로부터의 소득은, 홍콩에서 제공되는 서비스로 인한 소득 및 홍콩에 원천을 둔 소득에 한해 홍콩에서 과세된다. 과세연도의 기본 일수인 60일을 초과하지 않는 방문기간 동안 홍콩에서 체류하며 근무한 경우, 발생한 모든 급여소득에 대해 과세하지 않는다. 회사 이사의 수수료 원천은 이 보수를 지급하는 회사가 운영되고 통제되는 지역에 따라 결정된다. 고용인과 고용주의 관계를 가장하려는 서비스 회사의 사용은 법적으로 금지되어 있으며, 회사 소유주나 이사가 서비스 회사에 운용 커미션을 지불하는 규정이 세무국 사례 주석에 존재한다. 공제 대상 비용은 소득 발생에 직접적으로 사용되었어야 하며, 복지적 성격의 공제의 경우 홍콩 세무국에서 인정한 자선단체에 기부하는 금액, 홍콩 세무국에서 인정한 교육 기관에 납입한 비용 등으로 제한되어, 홍콩에 거주하지 않는 납세자의 경우 공제를 받기는 사실상 힘들다.

　고용으로부터의 개인소득은 공제가능비용, 즉 자선기부금과 인적공제가 공제된 후 2~17%의 누진율로 급여소득세가 부과된다. 최대과세액은 공제비용과 자선 기부금 공제 후 고용으로 인한 개인소득의 15%의 표준세율로 과세된다. 급여소득세 신고서류는 BIR60이고, 당해 인적 공제 금액이 급여소득보다 커서 납부할 세액이 없더라도, 신고서를 수령하면 작성하여 제출해야 한다.

1. 2017/2018 급여소득세율

표준세율	점진세율		
15%	순소득	세율	세금(HKD)
	HKD45,000까지	2%	900
	HKD45,001~90,000	7%	3,150
			4,050
	HKD90,001~135,000	12%	5,400
			9,450
	HKD135,001~	17%	

2. 급여소득세 내용

원천지국 과세방식을 적용하므로 거주상태에 따라서 결정되는 것이 아니라 소득의 원천에 의해서 결정되므로 홍콩에서 발생하거나 유래한 소득으로, 판단기준은 고용의 원천지와 홍콩 체재기간이다. 고용의 원천지는 고용계약을 합의 및 체결하는 장소, 고용주의 거주지, 보수의 지급장소 등으로 판단된다. IRO s.8(1)에 의거하여, 1) 홍콩 원천 급여소득(홍콩의 회사에 고용되거나, 홍콩에서 발생한 소득), 2) 홍콩에서 받은 연금에 대해 근로소득세를 부과한다.

홍콩의 사무실이란, 회사의 본사, 결정권한 소재지가 홍콩일 때를 의미한다. 고용이란, 쌍방이 서명한 계약서에 의한 고용－피고용자 관계가 성립되는 경우를 의미한다. 서비스 제공을 위한 계약은 일시적인 서비스일 수 있고, 반드시 고용－피고용 관계가 아닐 수도 있다. 홍콩 원천의 고용소득, 홍콩에서 운영되는 사무실에서의 소득 및 홍콩연금, 근로의 대가로 수령한 급여, 봉급, 상여금, 휴가비, 사례금, 연금, 생계비, 보조수당이나 이와 유사한 수당(출장비, 자녀교육수당, 주택수당 등), 정부로부터 인가받은 연금기금단체 이외의 연금 또는 적립금과 관련하여 고용주가 부담한 출연금, 고용주가 종업원의 주거비용을 대신 부담한 금액, 스톡옵션 행사 시 얻은 이득 등을 모두 포함한다.

3. 급여소득세 면세 신청-60일 규칙

홍콩에서 발생한 소득에 대해서도 홍콩에 방문한 기간이 60일 이하이면, 급여소득세 면세를 신청할 수 있다.

홍콩 체류 일수	홍콩 원천 소득	홍콩 이외 지역에서 발생한 급여소득
60일 이하	면제	면제
60일 초과	100% 과세, s.8(1A)(c)면제 해당	s.8(1A)(c)에 근거하여 체류 일수당 분할 과세

＊s8(1A)(c) 홍콩 급여소득세 면제 : 홍콩 이외의 지역에서 발생한 소득이나 급여소득에 대해 홍콩 이외 지역에서 동일한 성격의 세금을 납부한 경우 면제됨.

60일 면세를 신청하기 위해서는 BIR60의 section 6을 통해 급여소득세 면제 대상임과 홍콩 체류기간을 기재하고, 고용 계약서, 고용주의 레터를 작성한다. 고용주의 레터는 납세자의 고용 장소, 직급, 홍콩 업무 내용, 해외 납부 세액이 있을 경우, 납세 증명, 여권 사본, 해당 과세기간의 홍콩 방문 기록 및 목적(2016.4.1~2017.3.31) 등의 서류를 제출한다. 홍콩 방문기록 및 목적을 소명하기 위해 아래 형식으로 작성한 홍콩 출입국 기록 제출이 필요하다.

	홍콩 출국일	홍콩 입국일	방문지(국가, 도시)	방문 목적(휴가, 사업 등)
1	2016.4.27	2016.10.13	한국, 서울	친가 방문
2				
3				

홍콩법인에 이사로 등기된 사람은 60일 면세 조건을 충족하더라도 신청이 불가능하다.

4. 과세 항목

IRO s.9는 급여소득세 과세 항목을 광범위하게 설명하고 있고, s.9(1)(a)의 경우 개방형 리스트여서, 급여소득의 범위가 되는 소득은 끊임없이 추가되고 있다. 수급자의 입장에서 본다면, 근로의 대가로 지급받았고 돈으로 환산 가능한 것은 모두 과세 항목으로 포함하는 것이 좋다. 급여, 보너스 커미션, 스톡옵션, 휴가비, 퇴직금 등 회사에서 지급받는 비용이 기본적으로 포함되고, 회사가 지급하는 주택보조비, 자녀교육비도 급여소득에 포함된다. 회사에서 집세를 일부 혹은 전부를 보조받는다면 근로소득세 과세의 대상이 된다. 주택보조비는 100% 소득으로 간주되어 과세 대상이 될 수도 있고, 순급여소득의 10%로 제한될 수도 있다. 주택보조비를 지급할 때 회사에서 주택임대료 지급을 규정하고, 직원의 임대비용을 승인할 경우 10%로 과세되고, 회사에서 임대료에 대한 통제나 승인 없이 직원에게 월 일정액을 지불할 경우 이 금액의 100%가 직원의 급여소득에 포함되어 과세된다. 주택을 회사에서 임대해 주고, 임대료를 회사에서 대신 지불하는 경우, 순소득의 10%가 과세 대상이며, 임대주택이 아니라 호텔에 투숙하고 회사에서 비용을 대신 지불하는 경우, 호텔방 하나의 경우 순소득의 4%, 두 개일 경우 8%가 과세 대상이 된다.

비과세소득의 예로 영사관이나 대사관 직원 보수, 사망, 장애, 은퇴로 인한 퇴직연금, 장애연금, 홍콩 외부에서 고용되어 받은 연금, 영사관이나 대사관 직원 보수, 사망, 장애, 은퇴로 인한 퇴직연금, 퇴직, 사망, 능력상실, 서비스 종료로 인한 의무적립기여금, 연방정부 보수, 군인연금, 참전 군인의 보수, 전쟁기념연금, 배우자나 전 배우자로부터 받은 양육비나 이혼위로금 등이 있다.

5. 인적공제

인적공제는 체류기간에 따라 배분되지 않고, 과세연도에 전액 적용된다.

〈2017/2018년 기준 인적공제내용〉

종류	내용	HK$
기본인적공제	기초	132,000
기혼자 공제	기혼	264,000
자녀 공제	9명까지 각각 18세 이하 or 25세 이하 학생	100,000
	당해 출생한 자녀 추가 공제	100,000
부양 부모 및	60세 이상 혹은 장애판정을 받은 경우	46,000
조부모 공제	55~59세	23,000
추가시	60세 이상 혹은 장애판정을 받은 경우	46,000
	55~59세	23,000
부양 형제자매 공제		37,500
부양가족(장애인) 공제		75,000
부 혹은 모 공제	자녀 수에 관계없이 공제 신청 가능	132,000

6. 공제 대상 비용 (2017/2018 기준)

급여소득과세 시 공제 가능한 금액은 과세소득 창출에 필수불가결하게 발생하여 100% 과세소득 창출을 위해서만 쓰인 비용이 이미 발생한 경우에만 차감된다. 이는 소득 창출에 필요한 기계의 감가상각을 포함한다. 전년도의 이월손실, 교육개발비, 기부금, 양로원 비용, 주택담보대출 이자, 퇴직연금 불입금 등의 비용을 공제받을 수 있다. 부부합산 신고 시 배우자가 사용하지 못하고 남은 배우자 분의 공제액도 함께 신청할 수 있다.

1) 소득창출에 쓰인 비용

2) 교육개발비

고용을 위한 자기개발교육 및 시험관련 비용 등을 연 HKD100,000 한도로 공제 가능한다. 홍콩 세무국에서 인정받은 교육기관만 공제가 가능하며, 증빙자료는 별도 제출하지 않고 6년간 보관하는 것이 원칙이다.

3) 기부금

홍콩 세무국에서 인정한 홍콩 자선단체에 기부한 비용에 한해 공제 가능. 기부액수가 $100 이상이어야 하며, 공제 가능 최대한도는 (소득－소득창출에 비용－감가상각)×35%이다.

4) 양로원 비용

부모 및 조부모가 60세 이상이거나 정부에서 장애판정을 받은 경우, $92,000 한도로 공제 가능

5) 주택담보대출 이자

매년 $100,000 한도로, 15년간 공제 가능

6) 퇴직연금(MPF) 불입금

홍콩에 거주하는 근로자 중 18세~64세의 근로자는 의무퇴직연금

에 가입하여야 한다. 급여를 기준으로 고용주 5%, 근로자 5%를 급여지급일로부터 7일 이내에 납부하게 된다. 연금 의무불입의 상한선은 HKD1,500이며, 급여 HKD30,000을 초과할 경우, HKD1,500 초과분을 납부할 의무는 없다. 직원이 불입한 금액의 $18,000 한도로 공제 가능하며, 자영업자가 낸 기여금과 사업소득세 공제를 받은 기여금은 이중 공제가 불가하다.

7) 감가상각<small>(과세소득을 창출하기 위해 필수적인 경우에 제한적용)</small>

8) 결손금 이월공제

종합과세 신청자의 경우 이월공제는 완전히 소진될 때까지 가능하며, 초과결손금은 납세자가 부부합산과세를 선택한 경우 배우자의 과세 소득에 대해서도 공제가 허용된다.

9) 기타공제

업무관련 접대비는 공제가 가능하며<small>(업무관련임을 납세자가 입증)</small>, 의료비는 공제가 불가하다.

10) 특별공제

부모 등에 대한 거주 간호시설 비용은 자녀가 60세 이상의 부모, 조부모나 장애를 가진 부모, 조부모에 대한 거주 간호시설 비용을 지불한 경우에 해당하며 거주 간호시설에 지급된 비용을 공제받을 수 있다. 부양가족 공제와 이중공제가 불가하다. 납세자의 과세소득과 무관하게 모든 납세자가 공제 가능하다.

기혼자 공제는 배우자의 소득이 없거나 부부합산과세를 신청했거나 종합과세를 신청한 경우에 공제 가능하다. 부양부모<small>(조부모 포함)</small> 공제는 납세자<small>(납세자의 배우자 포함)</small>가 실제 부양할 경우에 공제 가능하다. 부양형제자매 공제는 18세 미만의 형제자매, 18세 이상 25세 미만으로 대학(이와 유사한 교육기관 포함)에 전일 교육(full time education)을 받는 경우 공제받을 수 있다. 자녀 공제는 18세 미만의 형제자매, 18세 이상 25세 미만으로 대학(이와 유사한 교육기관 포함)에 전일 교육을 받는 경우 공제 가능하며, 입양자녀와 의붓 자녀를 포함한다.

7. 급여소득세 계산 방법

급여소득세는 아래 1), 2) 방법으로 계산한 세액 중 적은 쪽으로 과세된다.

1) [H-M] × 표준세율 :

2) P × 누진세율

3) 공식

총급여소득	A
− 소득창출에 쓰인 비용	B
− 감가상각 비용 공제	C
− 이월 손실 공제	D
− 배우자 분의 공제	E
− 교육개발비 공제	F
	G
순급여소득	H
− 기부금 공제	I
− 양로원 비용 공제	J
− 주택담보대출 이자비용	K
− 퇴직연금 불입금	L
	M
인적공제	N
순과세대상 소득	O
	P

일반적으로 인적공제 차감 후 누진세율을 적용한 경우의 세액이 적으며, 2017/2018의 경우, 총 과세급여액이 아래의 금액을 초과하면, 표준세율로 적용하는 것이 세금을 적게 납부하는 효과가 있다.

납세자	HKD
미혼, 부양자녀 없음	1,797,000
기혼, 부양자녀 없음	2,919,000
기혼, 부양자녀 1명	3,769,000
기혼, 부양자녀 2명	4,619,000

예) 연 급여소득이 HKD400,000이고, 미혼으로 기초 공제 대상, 홍콩 비거주 상태로 기타공제 내용이 없다고 가정할 때, $32,060이 과세된다.

– 표준세율 적용 : $400,000 × 15% = $60,000

– 누진세율 적용 : ($400,000–$132,000) × 누진세율 = $32,060

2016/17 점진세율 적용 표		
순과세대상 소득	세율	세금(HKD)
HKD45,000까지	2%	900
HKD45,001~90,000	7%	3,150
		4,050
HKD90,001~135,000	12%	5,400
		9,450
HKD135,001~268,000	17%	22,610
		32,060

Tip

○ ○ ○ ○

급여소득세 절세 방안

직원의 집을 회사에서 직접 임대
하여 임대료를 지불하는 경우, 직
원의 순급여소득에 10%만 급여소
득에 포함되어 직원의 복지 혜택
으로 제공될 수 있으며, 이와 유사
한 혜택으로 낮은 이자의 대여, 양
도 가능한 멤버십 비용 제공, 회사
자동차의 이용 등이 있다.

〈급여소득신고서 BIR60 작성 예시 : 출처-홍콩세무국〉

You may register for the "e-Tax Password" by calling our hotline at 1832033 or apply on-line under the Electric Service Delivery (ESD) scheme. The Access Code Notice will be sent to you by post in 3 working days.

INLAND REVENUE DEPARTMENT
TAX RETURN — INDIVIDUALS
YEAR OF ASSESSMENT 2004/05
IN ANY COMMUNICATION PLEASE QUOTE THE FILE NUMBER BELOW
FILE NO. 6A1-G1234567 (N) OA

The 2005 Budget proposed a new basic allowance of $15,000 from year 2005/06 for taxpayers maintaining dependent parents/grandparents aged between 55 and 59, and an additional allowance of $15,000 if the dependants live with the taxpayers. If applicable, please provide details in Part 8.4 for processing upon enactment of the legislation.

6A1

稅務編號 TIN: 001 023 2004

5 6 7

Le Tower,
5 Gloucester Road,
Wan Chai, Hong Kong.

G.P.O. Box 132,
Hong Kong.

Web site:
www.ird.gov.hk

Tel. No.:

187 8022

Complete Section 1 of Appendix to BIR 60 to notify change of postal address.

To MR. LEE, TAI FU
RM 306 JUSTICE BUILDING
NO 1 JUSTICE ROAD
HK

李大富

<Note 1>
Please DO NOT put down spouse's income in your return.

Tax information including common Q & A covering completion of tax return, is available under TAX INFORMATION – Individuals → Completion and Filing of Tax Return – Individuals (BIR60).

As required by the Inland Revenue Ordinance, please complete and SIGN this form and submit it to the Department WITHIN 1 MONTH. If you were the sole proprietor of any unincorporated business(es) during the year, please submit it WITHIN 3 MONTHS. Submission by facsimile is not acceptable. A Guide to Tax Return – Individuals (B.I.R.60) is enclosed. Please read and follow it carefully in completing this return. Where required, the relevant sections of the Appendix should also be completed and submitted together with this form. IF SPACE IS INSUFFICIENT, PROVIDE PARTICULARS ON A SEPARATE SHEET. If the case meets the criteria specified by the Commissioner (see leaflet enclosed), you may choose to submit the return by means of 'telefiling' or through the Internet at web site www.esd.gov.hk, for which an EXTENSION of 2 WEEKS will be given.

MRS CHAN WONG YEE-HING

Date: Assistant Commissioner

PART 1   PERSONAL PARTICULARS (Please use BLOCK LETTERS)

(1)	Name in English (Surname First) (State Mr / Mrs / Miss / Ms)	Name in Chinese	Hong Kong Identity Card No. #
SELF	LEE TAI FU	李大富	G 1 2 3 4 5 6 (7)
SPOUSE	YU MEI YAN	余美人	G 2 4 6 8 0 1 (2) 2

(2) Day-time contact tel. no.   # If not a Hong Kong Identity Card holder, state below the nationality and passport number.
3991 3579   SELF: SPOUSE:

Mobile phone or office telephone No.

PART 2   NOTIFICATION (✓ in box if 'Yes', leave blank if 'No'.)

(1) I wish to amend my postal / residential address and I have not informed you of this previously.
(If yes, please also complete items (1) and / or (2) in Section 1 of the Appendix) Yes ✓
(2) I wish to amend my marital status and I have not informed you of this previously.
(If yes, please also complete item (3) in Section 1 of the Appendix) Yes ✓
(3) I have appointed an authorized representative.
(If yes, please also complete Section 2 of the Appendix) Yes ✓
(4) I have obtained an advance ruling relating to this year of assessment.
(If yes, please also complete Section 3 of the Appendix) Yes 6
(5) I wish to claim a tax credit under the Arrangement for Avoidance of Double Taxation with the Mainland.
(If yes, please also complete Section 4 of the Appendix) Yes 7
(6) I wish to receive CHINESE version of tax return (B.I.R.表格第60號) in future. Yes 8

Complete Sections 1 & 2 of Appendix to BIR 60 if either of these boxes is ticked.

EXCLUDE CENTS WHEN STATING AMOUNTS.

PART 3   PROPERTY TAX   Did you have any solely-owned properties which were let during the year? (✓ in the appropriate box)
No → Go to Part 4   Yes ✓ → Complete this part as appropriate and boxes 9, 10 and 11

Put down the amount of rent for the period of letting

Details of properties SOLELY OWNED by me and LET during the year :- (Do not include details of partly-owned properties)

		Property 1	Property 2	
(1)	Location	2/F , FLAT D 8 YAN OI RD , HK	8/F , FLAT A , 123 YUN TSZ ST , KLN	Total number of properties LET 2 9
(2)	Period of letting	1.4.2004 TO 31.3.2005	1.4.2004 TO 31.3.2005	
(3)	Rental income	$ 120,000	$ 180,000	Total amount of deductions for ALL properties let → $ 6 5 4 3 10
(4)	Deductions (Rates paid by me and irrecoverable rent)	$ 6,543	$ ——	
(5)	Assessable value (i.e. item (3) minus item (4))	$ 113,457	$ 180,000	Total assessable value of ALL properties let → $ 2 9 3 4 5 7 11

FOR OFFICIAL USE ONLY

12   13 PA DON 16 MI 19
SEE 14 ENCL 17 HLI 20
ST DON 15 ERCE 18 HLI-N 21

B.I.R.60 (4/2004)

如需本表格的中文版，請致電 (187 8022) 或傳真 (2519 9316) 與本局聯絡。
The Chinese version of this form may be obtained by contacting this Department by phone (187 8022) or fax (2519 9316).

P.T.O.

Do not include RATES paid by Tenants.
Do not include government rent.

To claim deduction of mortgage interest incurred in the acquisition of the property let, LEE Tai Fu must elect Personal Assessment. The interest to be deducted cannot exceed the net assessable value of the individual property.

– 3 –

IF SPACE IS INSUFFICIENT, PROVIDE PARTICULARS ON A SEPARATE SHEET.   EXCLUDE CENTS WHEN STATING AMOUNTS.

PART 6   PERSONAL ASSESSMENT   Do you wish to elect Personal Assessment? ('✓' in the appropriate boxes in this part)

No ☐ → Go to Part 7   Yes ✓ → Complete this part as appropriate. Item (1) must be completed.

(If you and/or your spouse had income chargeable to Property Tax and/or Profits Tax, election for Personal Assessment may reduce your tax liability. Do not complete this Part if you and your spouse had income chargeable to Salaries Tax only.)

(1) I am / I and my spouse are eligible and wish to elect Personal Assessment.   No ☐   Yes ✓ 51

(2) My spouse had income assessable under the Inland Revenue Ordinance during the year.   No ☐   Yes ✓ 52

(3) Number of partnership business(es) of which I was a partner during the year   [   ] 53

(4) Number of properties **PARTLY OWNED** by me and **LET** during the year   [   ] 53

(5) Approved charitable donations **NOT** claimed under Parts 4 and 5 $ [   ] 54

PART 7   DEDUCTION FOR INTEREST PAYMENTS   If you wish to claim deduction for interest payments, please complete Part 7.1 and other parts as appropriate. Please also '✓' in the appropriate boxes in this part.
(This part is applicable only if you had income chargeable to Salaries Tax during the year or if you elect Personal Assessment.)

7.1   DETAILS OF THE PROPERTIES - CLAIM FOR DEDUCTION FOR INTEREST PAYMENT

	Property 1	Property 2	Property 3
(1) Location of property in respect of which deduction for interest payments is claimed	2/F FLAT D 8 YAN OI RD H.K.	8/F FLAT A 123 YUN TSZ ST. KLN	10/F FLAT A 1 CHING YEE ST. H.K.
(2) A loan has been obtained for acquiring the property and secured by a mortgage or charge.	Yes ✓	Yes ✓	Yes ✓
(3) A re-mortgaged loan is involved. (If yes, must also complete Part 7.4 below)	Yes [55]	Yes [63]	Yes [71]
(4) My share of ownership (%)	1 0 0 (%) 56	1 0 0 (%) 64	5 0 (%) 72

7.2   CLAIM FOR DEDUCTION FOR INTEREST PAYMENTS TO PRODUCE RENTAL INCOME FROM PROPERTIES   Applicable only if Personal Assessment is elected in Part 6.

My share of interest payments to produce the rental income $ 7 5 3 1 0 57 $ 1 2 3 4 5 6 65 $ [   ] 73

7.3   CLAIM FOR DEDUCTION FOR HOME LOAN INTEREST   Applicable if the property was used as your own residence.
(Must also complete Part 8.1 if item (2) is applicable.)

(1) My share of home loan interest payments $ [   ] 58 $ [   ] 66 $ 8 0 0 0 0 74

(2) Applicable only if your spouse had no chargeable income

(i) I am nominated by my spouse to claim deduction for home loan interest paid by him / her   Yes [59]   Yes [67]   Yes [75]

(ii) His / her share of ownership (%)   [(%)] 60   [(%)] 68   [(%)] 76

(iii) His / her share of home loan interest payments $ [   ] 61 $ [   ] 69 $ [   ] 77

(3) The property was occupied as my residence for the **FULL YEAR.**   Yes [62]   Yes [70]   Yes ✓ 78

7.4   INTEREST PAYMENTS INVOLVING RE-MORTGAGED LOAN

	Property 1	Property 2	Property 3
(1) Name of lending institution for the re-mortgaged loan			
(2) Amount of the re-mortgaged loan	$	$	$
(3) Interest paid for the re-mortgaged loan in the year	$	$	$
(4) Period covered by the interest in item (3) above	to	to	to
(5) Date of redemption of the previous mortgaged loan	Day / Month / Year	Day / Month / Year	Day / Month / Year
(6) Balance of the previous mortgaged loan redeemed	$	$	$
(7) Interest paid for the previous mortgaged loan in the year	$	$	$
(8) Period covered by the interest in item (7) above	to	to	to

P.T.O.

Taxpayers electing Personal Assessment must complete boxes 51 & 52 and other parts as appropriate.

- LEE Tai Fu can claim his share of home loan interest paid in respect of his residence.
- The maximum deduction is $100,000.
- As LEE Tai Fu & YU Mei Yan are co-owners, the maximum amount allowable to each is $50,000.

Documentary evidence needs not be submitted with this return but must be retained for future examination.

- Put down your share of actual amount of mortgage interest paid.
- Cannot claim deductions for repayment of principal sum.

< Note 4>
- Ms YU Mei Yan cannot nominate Mr LEE Tai Fu to claim deduction for any home loan interest paid by her because she had income chargeable to tax.
- She should claim deduction in her own tax return.

Example

Violet Co Limited	$	$
Salary (1.4.2004 to 30.6.2004)		60,000
Commission		6,000
Remuneration received on termination of employment		
Salary (1.7.2004 to 15.7.2004)	10,000	
Leave Pay	5,000	
Long Service Payment under Employment Ordinance		
($20,000 x 2/3x 12 years)	160,000	175,000
Total		241,000
Less: Long Service Payment (not subject to tax)		160,000
Assessable Income		81,000

Example

Good Harvest Co	
Salary (1.11.2004 to 31.3.2005)	$150,000
Commission	120,000
Bonus	90,000
Assessable Income	360,000

<Note 2>
Do not report Salaries drawn from proprietorship and partnership businesses owned by you and /or your spouse in this box. These salaries represent drawings from business profits.

- 2 -

IF SPACE IS INSUFFICIENT, PROVIDE PARTICULARS ON A SEPARATE SHEET.   EXCLUDE CENTS WHEN STATING AMOUNTS.

PART 4 SALARIES TAX Did you have any income chargeable to Salaries Tax during the year? (✓ in the appropriate boxes in this part)
No [ ] → Go to Part 5   Yes [✓] → Complete this part as appropriate. Box 22 must be completed.

4.1 INCOME accrued to me during the year (Exclude amount reported in Part 4.2)

(1)

Name of employer	Capacity employed	Period	Total amount ($)
(a) VIOLET CO. LTD	Sale Representative	1.4.2004 to 15.7.2004	81,000
(b) ———	Unemployed	16.7.2004 to 31.10.2004	
(c) GOOD HARVEST CO.	Senior Sale Representative	1.11.2004 to 31.3.2005	360,000
Pension			

Refer to "Assessable Income" in the above examples

Grand total $ [4 4 1 0 0 0] 22

This box must be completed.

(2) The grand total in box 22 above has included the following selective items of income :

(i) share option gain $ [ ] 23   (ii) lump sum payments (received on retirement / termination of employment contracts, deferred pay or arrears of pay.) $ [ ] 24   (iii) commission income $ [1 2 6 0 0 0] 25

Refer to "Commission" in the above examples.

(3) Amount to be excluded from the total income by reason of relating back of the amount in box 24 / exemption of income $ [ ] 26
(Must also complete Section 5 and / or 6 of the Appendix if the above item (3) is applicable)

(4) I received income from an overseas company for my employment or services rendered in Hong Kong.   No [✓] Yes [ ] 27

(5) My employer(s) paid Salaries Tax for me.   No [✓] Yes [ ] 28

Spouse has to sign in Part 9 to indicate agreement

4.2 PLACE OF RESIDENCE PROVIDED by each employer or associated corporation during the year

Address	Nature (e.g. house, flat, no. of rooms in hotel, etc.)	Period provided	Name of employer or associated corporation providing residence

Rent paid by my EMPLOYER or associated corporation to landlord ($)	Rent paid by ME to landlord ($)	Rent refunded to ME by employer or associated corporation ($)	Rent paid by ME to employer or associated corporation ($)	Rateable value, if elected ($)

Total value of ALL places of residence provided $ [ ] 29

Put down the amount of actual expenses.
- Must exclude any amount which has been/ will be reimbursed by the Employer or the government
- Maximum deduction is $40,000.

4.3 DEDUCTIONS (Documentary evidence need NOT be submitted but should be retained for future examination.)

(1) Outgoings and expenses   Particulars [ ] $ [ ] 30

(2) Expenses of self-education paid for prescribed courses / specified institution examinations $ [3 1 0 0 0] 31

(3) Approved charitable donations $ [6 0 0 0] 32

(4) Mandatory contributions to recognized retirement schemes in the capacity of an employee $ [7 5 0 0] 33

4.4 ELECTION FOR JOINT ASSESSMENT Applicable only if both you and your spouse had income chargeable to Salaries Tax.
I and my spouse wish to elect joint assessment under Salaries Tax if it would reduce our aggregate Salaries Tax liability.   Yes [✓] 34

PART 5 PROFITS TAX Did you have any sole proprietorship businesses during the year? (✓ in the appropriate box)
No [ ] → Go to Part 6   Yes [✓] → Complete items (1) to (10) in respect of each business.
If any item is not applicable, state ' 0 '.

Details of sole proprietorship businesses owned by me (with / without business activities) during the year :

<Note 3>
- Only LEE Tai Fu's solely owned business needs to be reported.
- DO NOT put down details of partnership business.

	Business 1	Business 2
(1) Name of business	Tai Fu Co.	
(2) Business Registration Number	[2 3 4 5 6 7 8 9] 35	[ ] 43
(3) Gross income (including turnover and other income)	$ [5 4 0 0 0 0] 36	$ [ ] 44

If gross income is over $500,000, you are required to attach accounts and supporting schedules of analysis.

| (4) Turnover | $ [4 8 0 0 0 0] 37 | $ [ ] 45 |

Insert 'X' if (loss)   Insert 'X' if (loss)

(5) Gross profit / (loss)	[ ]-$ [3 6 0 0 0 0] 38	[ ]-$ [ ] 46
(6) Net profit / (loss) per accounts	[ ]-$ [2 4 0 0 0 0] 39	[ ]-$ [ ] 47
(7) Assessable Profits / (Adjusted Losses) before charitable donations	[ ]-$ [2 1 0 0 0 0] 40	[ ]-$ [ ] 48
(8) Approved charitable donations	$ [0] 41	$ [ ] 49
(9) Mandatory contributions to Mandatory Provident Fund Scheme in the capacity of a self-employed person [already deducted from assessable profits / (adjusted losses) in item (7) above]	$ [4 5 0 0] 42	$ [ ] 50
(10) Had transactions for / with non-resident person. (If yes, '✓' in the appropriate box and also complete Section 7 of the Appendix to B.I.R.60.)	Yes [ ] 42a	Yes [ ] 50a

P.T.O.

- Turnover $480,000
  Add: Sales of 2 machines 50,000
  Bank Interest Income 10,000
  GROSS INCOME 540,000

- LEE Tai Fu has to attach accounts because gross income exceeds $500,000.

The maximum deduction of MPF Contributions is $12,000. As Lee Tai Fu has claimed deduction for $7,500 under Part 4 (Salaries Tax), he can only claim the remaining balance of $4,500.

Mandatory Contribution to MPF Scheme in the capacity of an employee:	
1.4.2004 to 15.7.2004	$3,500
16.7.2004 to 31.10.2004 (Unemployed)	0
1.11.2004 to 30.11.2004 (Exempt period)	0
1.12.2004 to 31.3.2005	4,000
	7,500

《Note 5》

- The allowance in respect of LEE Tai-Kwai can be claimed either by his parents or by his brother, LEE Tai-fu

- LEE Tai-fu has to put down the names & HKIC No. of the parents of LEE Tai-kwai in box 8.2(6)

- 4 -
IF SPACE IS INSUFFICIENT, PROVIDE PARTICULARS ON A SEPARATE SHEET.　　　EXCLUDE CENTS WHEN STATING AMOUNTS.

PART 8　ALLOWANCES AND ELDERLY RESIDENTIAL CARE EXPENSES (✓ in the appropriate boxes in this part)
Applicable only if you had income chargeable to Salaries Tax during the year or if you elect Personal Assessment.

8.1　MARRIED PERSON'S ALLOWANCE Applicable only if you were married for all or part of the year.

(1) My spouse had income chargeable to Salaries Tax during the year.　　Yes ✓ 79　No 80

(2) I was living apart from my spouse who did not have any income chargeable to Salaries Tax during the year.　Yes 80

I have paid maintenance fees of $ _____ for his / her support during the year

(3) I wish to claim disabled dependant allowance in respect of my spouse who was eligible to claim an allowance under the Government's Disability Allowance Scheme during the year.　Yes 81

8.2　CHILD ALLOWANCE AND DEPENDENT BROTHER / SISTER ALLOWANCE
For married taxpayers, all child allowances are to be claimed by the nominated spouse.

Child allowance in respect of all the children must be claimed either by LEE Tai-fu or YU Mei-yan

	First	Second	Third
(1) Name	LEE HO OI	LEE TAI KWAI	
(2) Relationship (Enter '1' for child; or '2' for your brother / sister; or '3' for your spouse's brother / sister)	1 82	2 86	90
(3) Date of birth	2 2 0 3 2 0 0 4 83 Day Month Year	2 5 0 2 1 9 8 3 87 Day Month Year	91 Day Month Year
(4) Enter '1' if age over 18 but under 25 and receiving full time education during the year; or '2' if age over 18 and incapacitated for work with disability during the year.	84	1 89	92
(5) I wish to claim disabled dependant allowance in respect of the dependant who was eligible to claim an allowance under the Government's Disability Allowance Scheme during the year.	Yes 85	Yes 89	Yes 93

(6) Particulars of the parents of the dependent brother / sister :

Father : Name　LEE HO　Hong Kong Identity Card Number　B 1 3 4 7 8 9 (5) 94

Mother : Name　CHAN SUK　Hong Kong Identity Card Number　B 6 5 8 4 5 5 (A) 95

8.3　SINGLE PARENT ALLOWANCE Applicable only if you were single, widowed or married but living apart from your spouse throughout the year.

I had the sole or predominant care of my child / children mentioned in Part 8.2 above during the year.
(Enter '1' for full year; or '2' for part of a year)　96

8.4　DEPENDENT PARENT / GRANDPARENT ALLOWANCE AND ELDERLY RESIDENTIAL CARE EXPENSES

	Dependant 1	Dependant 2	Dependant 3
(1) Name	LEE HO	CHAN SUK	WU YUK
(2) Hong Kong Identity Card Number	B 1 3 4 7 8 9 (5) 97	B 6 5 8 4 5 5 (A) 104	A 0 1 0 2 0 3 (8) 111
(3) Date of birth (enter month and year only)	0 1 1 9 3 9 98 Month Year	0 8 1 9 4 5 105 Month Year	0 8 1 9 2 1 112 Month Year
(4) Relationship with me / my spouse (Enter '1' for parent; or '2' for grandparent) Complete EITHER Item (5) OR Item (6).	1 99	1 106	2 113

The month and year of birth should be completed so as to ascertain if the dependant is 60 years old or over

(5) Claim for Dependent Parent / Grandparent Allowance :
(i) The dependant resided with me continuously during the year without paying full cost. (Enter '1' for full year; or '2' for at least 6 months) **OR**　2 100　2 107　114
(ii) I / my spouse contributed not less than $12,000 in money during the year towards the dependant's maintenance.　Yes 101　Yes 108　Yes 115

(6) Claim for deduction for Elderly Residential Care Expenses :
(i) Name of residential care home at which the dependant resided　Fook Luk Old Age Home
(ii) Amount of expenses paid by me / my spouse to the above residential care home during the year　$ ____ 102　$ ____ 109　$ 5 0 0 0 0 116

(7) I wish to claim disabled dependant allowance in respect of the dependant who was eligible to claim an allowance under the Government's Disability Allowance Scheme during the year.　Yes 103　Yes 110　Yes 117

PART 9　DECLARATION

I declare that the information given in this return, its Appendix (if applicable) and any other documents attached is true, correct and complete.

Date　22-5-2005　　Signature　_Lee Tai-fu_

IF YOU WERE MARRIED FOR ALL OR PART OF THE YEAR AND
(1) HAVE ELECTED JOINT ASSESSMENT (in Part 4.4)/PERSONAL ASSESSMENT (in Part 6), OR
(2) HAVE BEEN NOMINATED BY YOUR SPOUSE TO CLAIM HOME LOAN INTEREST DEDUCTION (in Part 7.3),
YOUR SPOUSE MUST SIGN HERE TO INDICATE AGREEMENT.　→　Spouse's Signature　_M.Y.Yu_

[Heavy penalties may be incurred for making an incorrect return or committing other offences – See Part 9 of the Guide]

Appendix to B.I.R.60

This Appendix forms part of the Tax Return - Individuals (B.I.R.60) and should be submitted together with the tax return. If none of the sections in the Appendix is applicable, it is NOT necessary to send it back. If space is insufficient, provide additional information on a separate sheet.

Complete this Section only if you have changed your marital status during the year 2004/05

Your File No. : 6 | A | 1 | — | G | 1 | 2 | 3 | 4 | 5 | 6 | 7 | Year of Assessment : | 2004 | / | 2005 |

[Please complete as printed on page 1 of B.I.R.60]

Section 1 NOTIFICATION OF AMENDMENT TO PERSONAL PARTICULARS (Complete only if your address / marital status has changed.)

(1) New Postal Address * | G/F 28 HEE LOK STREET , HK

(2) New Residential Address (Write 'As above' if it is the same as your Postal Address as stated above.) * | 10/F , FLAT A , 1 CHING YEE STREET , HK

(3) Change of Marital Status (Enter '2' if Married, '3' if Separated, '4' if Divorced or '5' if Widowed) | 2

Effective date of change | 0 | 1 | 0 | 4 | 2 | 0 | 0 | 4 |
Day | Month | Year

* Please use BLOCK LETTERS

The Department will communicate with your representative regarding your tax affairs

Section 2 AUTHORIZED REPRESENTATIVE (Complete only if you have appointed a representative. Such an appointment is NOT compulsory.)

For the purposes of the Inland Revenue Ordinance, I hereby authorize | CHAN TAI MAN & CO.

of (Address) | Rm 118 , Kwong Ming Comm Bldg ; 3 Kwong Ming Road , HK | to act on my behalf.

If the authorized representative shown here is different from the one previously appointed, insert '✓' in the box. | ✓

The representative's Business Registration No. and Branch No., if any | 0 | 1 | 2 | 3 | 4 | 2 | 3 | 4 | — | |

The representative's Reference No. (Symbols and punctuation marks should be omitted) | L | 1 | 3 | 8 | 8 |

If the reference number shown above is different from that previously used, insert '✓' in the box.

Section 3 ADVANCE RULINGS

If you have obtained an advance ruling, which relates to this year of assessment, under section 88A of the Inland Revenue Ordinance, state:

(1) whether you have relied on that ruling in preparing and providing this return, and | No | Yes

(2) whether there are any material changes to the arrangements identified in that ruling. | No | Yes
(insert '✓' in the appropriate boxes)

- Applicant is required to pay fees
- Minimum charge is $10,000

Section 4 TAX CREDIT UNDER THE ARRANGEMENT FOR AVOIDANCE OF DOUBLE TAXATION WITH THE MAINLAND

Source of income	Name of employer or business	Amount of income involved (HK$)	Net amount of tax credit claimed (Submit documentary evidence) (HK$)
(1) Employment			
(2) Sole Proprietorship Business			
(3) Partnership Business (if you elect Personal Assessment)			

Section 5 APPLICATION FOR A LUMP SUM INCLUDED UNDER PART 4.1 OF B.I.R.60 TO BE RELATED BACK

Name of employer	Nature of payment	Amount (HK$)	Date received Day / Month / Year	Period to which payment relates	Amount to be related back to previous year(s) (HK$)

Section 6 APPLICATION FOR FULL / PARTIAL EXEMPTION OF INCOME INCLUDED UNDER PART 4.1 OF B.I.R.60

Full/partial exemption is claimed (insert '✓' in the appropriate box)	Reason for claim & supporting facts	Basis of calculation (For exemption claim under section 8 (1A) (c) of the Inland Revenue Ordinance, the tax receipts must be submitted)
Full	Partial		

Name of employer	Previous claim under the same employment (insert '✓' in the appropriate box)	Amount of income to be excluded (HK$)	No. of days present in Hong Kong (if applicable)	
			during the year (Submit detailed itinerary covering the whole period)	during last year (Complete only if you are a commander / master / crew of a ship or aircraft)
	No	Yes		

Section 7 NOTIFICATION OF TRANSACTIONS FOR / WITH NON-RESIDENT PERSONS

Business Registration Number of the business involved | | | | | | |

During the basis period, did you:

(1) receive, as agent, on behalf of a non-resident person any other trade or business income arising in or derived from Hong Kong ? | No | Yes

(2) pay or accrue any fees to a non-resident person in respect of professional services rendered, wholly or partly, in Hong Kong ? | No | Yes

If yes, please state the full amount of fees paid or accrued in respect of professional services rendered. $ | | | | | |

If you had more than 1 business transacted for / with non-resident persons, please report on a separate sheet.

Date | 22-05-2005 | Name | LEE TAI FU | Signature | Lee Tai Fu

如需本附錄的中文版，請致電 (187 8022) 或傳真 (2519 9316) 與本局聯絡。

1/2004 (E A) | The Chinese version of this Appendix may be obtained by contacting this Department by phone (187 8022) or fax (2519 9316).

8. 신고기한

급여소득 신고세는 매년 5월 초에 발행되며, 발행 후 1개월 내에 작성하여 신고할 의무가 있다. (예 : 2016.5.3 발행 시 2016.6.3까지 신고) 개인사업자의 경우 작성기한이 3개월까지 연장되며, 전자신고를 할 경우 추가 1개월의 연장기간이 허용된다.

급여소득세를 납부할 내용이 있는데 신고서가 발행되지 않았다면, 세무국을 방문하여 세금신고서(Tax Return)의 발행을 요청해야 하는데, 이때 IR6167 양식을 작성하게 되며, 이에는 예상 소득도 함께 기재하게 된다.

9. 신고내용의 수정

개인소득세 신고를 마친 후 수정해야 할 내용을 발견한 경우에는 세무국에 레터와 함께 수정해야 하는 내용에 맞는 세무국 양식을 이용하여 세무국에 제출하여 수정을 요청할 수 있다.

제3절_ 부동산 임대소득세

홍콩에 소재한 부동산 소유자를 대상으로 그 토지, 건물에 대해 부동산 임대소득세가 과세된다. 부동산의 소유자라 함은 부동산을 직접 소유한 자, 수익적 소유자, 종신 부동산 임차인, 저당권 설정자, 건물이나 토지 위에 다른 건축물로부터 수익이 있는 자, 지대나 이외의 다른 사용료를 얻는 토지와 건물 또는 토지나 건물을 소유한 자를 포함한다. 소유자가 아닌 자가 재임대한 경우는 자산소득이 아니고 사업소득이며, 재산세가 과세되는 자산으로부터의 소득이 사업소득에 포함되거나 사업목적을 위하여 소유된 경우 자산소득세는 사업소득세에서 공제될 수 있다. 법인의 경우 자산소득세의 면제를 신청하여 사업소득세의 과세를 적용받을 수 있다. 부동산 임대업을 사업으로 하지 않으면, 부동산 임대 및 판매 등으로 발생한 이익은 부동산소득세로 과세된다. 법인에 의한, 혹은 공동명의에 의한 부동산 소유 시 부동산소득세 신고서가 매년 4월 1일 발행된다. 만약 부동산의 일인 소유주라면 임대료 수입을 개인 소득세 신고에 합산하여 신고한다(BIR60).

1. 신고서

신고서	이름	내용
BIR57	Property Tax Return - Property Jointly Owned or Co-owned by Individuals	개인간에 공동명의로 소유한 부동산 임대료소득 신고서
BIR58	Property Tax Return - Corporations and Bodies of Persons	법인 소유 부동산의 임대료소득 신고서

2. 과세 기간

전년도 4월 1일부터 당해 3월 31일까지 과세된다.

3. 부동산 임대소득

임대소득은 아래의 내용을 포함한다.

1) 수령하였거나 수령할 예정인 임대료

2) 라이선스 임대료

3) 소유주가 지불받은 관리비, 서비스비

4) 세입자가 대납한 수리비, 부동산 임대소득세

5) 받지 못한 임대료로 기존에 차감받았으나, 당해 수령한 임대료

6) 일시불로 지급받은 임대료

4. 공제받을 수 있는 비용

임대수입을 신고할 경우, 임대와 관련된 아래 비용을 공제받을 수 있다.

1) 받지 못한 임대료

2) 소유주가 지급한 임차인 분의 세금

3) 고정률로 적용받은 수리비 공제

소유주에게 발생하는 수리비의 액수는 연도별로, 부동산별로 차이가 많이 날 것이다. 세법 처리를 간소화하기 위해 매년 임대소득에서 받지 못한 임대료와 소유주가 대신 부담한 임차인 몫의 세금을 제한 금액의 20%를 공제해 주고 있다. 여기에는 소유주가 부동산 임대를 위해 지출한 모든 비용이 일괄 포함되어 있고, 항목별로 따로 공제를 받는 것은 불가능하다.

5. 계산 방법

과세연도의 부동산수입 순평가가치에 표준세율인 15%를 곱하여 계산한다. 순평가가치는 아래와 같이 계산한다.

[A]   임대료

[B]   차감 :   받지 못한 임대료(있을 경우)

[C]   (A−B)

[D]   차감 :   소유주가 지불한 임차인 몫의 세금(s)

[E]   (C−D)

[F]   차감 :   수리 및 비용 공제 규정 적용(20%)(E×20%)

[G]   순평가가치(E−F)

[E]   부동산 임대소득세(G×15%)

홍콩법인의 법인세가 어떻게 산정되고 효율적으로 대응을 하기 위해서는 어떻게 사전에 준비를 해야 할지 알게 되었다. **홍차장**이 그동안 받고 있던 급여에 대해서 홍콩에서 어떻게 개인소득세를 내야 할지도 알게 되었다. 그 외에도 홍콩의 세금 구조를 알게 되면서 상당히 단순하다는 느낌을 받았다.

chapter 9

한-홍콩 조세조약

2016년 9월 27일 부로 한국-홍콩 간의 조세조약(조약 제2307호)이 발효되었다. 대한민국 정부와 중화인민공화국 홍콩특별행정구 정부 간의 소득에 대한 조세의 이중과세 방지와 탈세 예방을 위한 협정으로서, **홍차장**은 설립한 홍콩법인 운영에 따른 이중과세방지 혜택을 볼 수 있을지 궁금했다. 국세청에 게시된 조약을 읽어본 홍차장은 조약을 통해 이중과세나 절세 혜택을 보는 부분은 거의 없으며, 조세를 위한 양국의 정보교환 내용이 더 중요하게 다가왔다.

한-홍콩 조세조약

한국-홍콩의 조세조약이 발효되었다. 조세조약은 일방의 거주자가 계약체결 상대방 국가에 거주할 경우의 양국 간의 조세형평을 고려한 것이며, 양 국가의 조세권한이 우선 존중된다. 조약은 한국어, 중국어, 영어로 작성되었으며, 해석상의 차이가 있는 경우에는 영어본이 우선한다. 아래에 조세조약 중 중요한 부분을 요약하였으며, 상세한 내용을 확인하기 위해서는 국세청에 게시된 조약 전문을 참조해 주기 바란다.

제1절_ 시행 시기

시행 시기	
홍콩	2017년 4월 1일 또는 그후에 개시되는 과세 연도분
한국	원천징수되는 조세 : 2017년 4월 1일 또는 그후에 지급하는 금액
	그 외의 조세 : 2017년 1월 1일 또는 그후에 개시되는 과세 연도분

제2절_ 대상자

어느 한쪽 또는 양 체약당사자 모두의 거주자인 개인, 법인, 기타의 단체를 포괄하여 적용된다.

제3절_ 협정의 적용 대상이 되는 각국의 현행 조세

가. 홍콩특별행정구의 경우,

　　사업소득세, 급여소득세, 부동산소득세

나. 한국의 경우,

　　소득세, 법인세, 농어촌특별세, 지방소득세

제4절_ 거주자의 정의

가. 홍콩특별행정구의 경우

　1) 홍콩특별행정구에 일상적으로 거주하는 모든 개인

　2) 홍콩특별행정구에 1년의 과세연도 중 180일을 초과하여 체류하
　　거나 2년 연속의 과세연도 중 300일을 초과하여 체류하는 모든
　　개인

　3) 홍콩특별행정구에 설립된 회사 또는 홍콩특별행정구 밖에 설립되
　　었으나 홍콩특별행정구에서 중점적으로 관리 및 통제되는 회사

　4) 홍콩특별행정구법에 따라 구성된 기타 모든 사람 또는 홍콩특별
　　행정구 밖에 구성되었으나 홍콩특별행정구에서 중점적으로 관

리 및 통제되는 사람

나. 한국의 경우

1) 국내에 주소를 두거나 183일 이상 거주한 자

2) 국내에서 생계를 같이 하는 가족 및 국내에 소재하는 재산 및 사업장의 유무 고려

제5절_ 부동산 소득(제6조)

부동산 소득은 부동산이 소재하는 국가에서 과세할 수 있다.

제6절_ 사업 이윤(제7조)

한국기업이 투자한 홍콩법인의 사업이윤에 대해서는, 그 기업이 홍콩에 소재하는 고정사업장을 통하여 한국에서 사업을 수행하지 아니하는 한, 홍콩에서만 법인세를 과세한다. 기업이 한국에서도 사업을 수행하는 경우에는 그 기업의 이윤 중 홍콩에 귀속시킬 수 있는 부분에 대하여만 홍콩에서 과세할 수 있다.

제7절_ 해운 및 항공 운송(제8조)

 국제운수상 선박 또는 항공기의 운항으로부터 발생하는 이윤은 선박 또는 항공기의 등록국가에서 과세한다.

제8절_ 특수관계기업(제9조)

가. 한국기업이 홍콩기업의 경영, 지배 또는 자본에 직접 또는 간접
   적으로 참여하거나,
나. 동일인이 한국기업과 홍콩기업의 경영, 지배 또는 자본에 직접
   또는 간접적으로 참여하는 경우

 그리고 위 어느 경우든지 양 기업의 사업상 또는 재정상 관계에서 독립기업 간에 설정되는 조건과 다른 조건이 양 기업 간에 설정되거나 부여된 경우, 그러한 조건이 없었더라면 그 기업들 중 한 기업의 이윤이 되었을 것이나 그러한 조건을 이유로 그 기업의 이윤이 되지 아니한 모든 이윤은 그 기업의 이윤에 포함될 수 있으며 그에 따라 과세할 수 있다.

제9절_ 배당(제10조)

홍콩회사가 한국거주자에게 지급하는 배당에 대해서는 한국에서 과세할 수 있다.

제10절_ 급여 소득(제14조)

한국거주자가 홍콩법인에 고용되어 취득하는 급료, 임금 및 그 밖의 유사한 보수는 홍콩에서 과세한다. 만약 한국과 홍콩에서 모두 고용된 경우에는 한국에서 취득하는 보수에 관해 한국에서 과세한다.

예외적으로 한국거주자가 홍콩에서 고용되어도 아래의 경우에는 한국에서 과세한다.
가. 수취인이 해당 과세기간 또는 회계연도에 개시되거나 종료되는 12개월 기간 중 홍콩에 체류한 기간이 총 183일을 초과하지 않고(단일 기간 또는 통산한 기간),
나. 그 보수가 홍콩 거주자가 아닌 고용주에 의하여 지급되며,
다. 그 보수가 고용주가 홍콩에 가지고 있는 고정사업장에 의하여 부담되지 아니하는 경우

선박 또는 항공기에 탑승하여 수행되는 고용과 관련하여 발생하는 보수는 선박 또는 항공기 소속 국가에서 과세된다.

제11절_ 이사의 보수(제15조)

한국거주자가 홍콩법인의 이사회의 구성원 자격으로 취득하는 이사의 보수 및 이와 유사한 그 밖의 지급금에 대해서는 홍콩에서 과세할 수 있다.

제12절_ 예능인 및 체육인(제16조)

한국거주자가 연극, 영화, 라디오 또는 텔레비전의 배우 또는 음악가와 같은 예능인 또는 체육인으로서 홍콩에서 수행하는 인적 활동으로부터 취득하는 소득에 대해서는 홍콩에서 과세할 수 있다. 소득이 그 예능인 또는 체육인 자신에게 귀속되지 아니하고 타인에게 귀속되는 경우, 그 소득에 대해서는 그 예능인 또는 체육인의 활동이 수행되는 체약당사자에게 과세할 수 있다.

예외적으로, 방문이 전적으로 또는 주로 한쪽 체약당사자, 그 정치적 하부조직 또는 지방당국의 공공기금에 의하여 지원되거나 체약당사자 정부 간 문화협정 또는 약정에 따라 수행되는 경우 홍콩의 과세로부터 면제된다.

제13절_ 이중과세의 제거 방법 (제21조)

한국거주자가 홍콩에서 납세하는 세액은 한국에서 이중과세 되지 않고 공제된다. 하지만 공제액은 해당 소득에 대해 한국의 세율을 적용한 과세율을 초과하지 않는다. 일반적으로 한국의 세율이 홍콩의 세율보다 높으므로, 이중과세 제거 방법으로 한국거주자가 홍콩납세분에 대해 직접적으로 얻는 이익은 없다고 볼 수 있다.

반대로 홍콩거주자가 한국에서 사업을 수행하며 납세한 세액에 대하여 같은 규칙이 적용되는데 한국에서 원천징수 혹은 납세한 금액이 홍콩에서 해당 소득에 대해 과세되는 금액보다 일반적으로 많으므로 홍콩거주자가 홍콩에서 추가 공제받을 수 있는 내역도 없다고 볼 수 있다.

제14절_ 정보교환 (제24조)

한-홍콩 조세조약에서 주의 깊게 볼 부분은 정보교환 내용이다. 한-홍콩 조세조약은 탈세방지를 위해 양 국가가 정보교환의 의무를 가지는 것에 큰 의의를 가진다.

한국, 홍콩 양국 국세청은 조세의 부과, 징수, 집행, 소추 등의 목적으로 필요한 정보를 교환한다. 정보제공을 요청받은 국가의 조세목적상 해당 정보가 필요하지 않은 경우에도 요청받은 정보를 취득하기 위해 정보수집 수단을 사용하고, 그 범위는 은행, 다른 금융기관, 대리인 또는 수탁인의 자격으로 활동하는 명의인이 가지고 있는 정보를 포함한다. 과세를 위한 정보수집이 광범위해진 의미를 가지므로, 해당하는 사람은 한국에 해외직접투자 신고 및 해외계좌신고 의무를 성실히 이행하기를 권유한다.

공개되는 정보의 범위는 광범위하다. 조세조약이 발효되기 전의 정보도, 발효 이후의 과세기간 또는 과세사례에 관련된 것으로 예측될 경우 공개하는 것으로 협의하였다.

제15절_ 조세조약의 시사점

한국과 홍콩 간에 과세를 위한 정보수집이 광범위해진 의미를 가지므로, 한국에 해외직접투자 신고 및 해외계좌신고 대상자는 신고 의무를 성실히 이행하기를 권유한다. 조세조약 발효 이전의 정보도 요청 시 소급하여 제공되므로, 홍콩법인의 성실한 세무신고와 납세로 정확한 회계자료를 보관하기를 권유한다. 홍콩법인은 매년 감사를 의무적으로 받게 되어 있고, 감사된 재무제표를 바탕으로 세금신고를 하므로, 한국에서 매년 해외법인 관련 정보제공을 요청받을 때 적시에 대응할 수 있는 소중한 자료가 된다.

홍차장은 아토즈 홍콩 컨설팅과 조세조약에 대해서 이야기를 나누고 실제로 특별한 변경사항은 없으며 한국본사와 협의하여 한국쪽의 세무관련 문제가 없도록 홍콩에서 성실하게 준비해야지만 한국에서도 문제없이 대응이 가능하겠다는 생각을 가지게 되었다.

chapter 10

공통보고기준과
계좌정보 자동교환 협정

홍차장은 조세규정상 한국의 거주자이고, 홍콩에 개인 및 법인 금융계좌를 보유하고 있다. 한국-홍콩 조세조약으로 홍콩에 보유한 금융계좌 정보 및 자산 상황이 한국 조세당국으로 보고되는 것 이외에도, OECD가 발표한 공통보고기준으로 해외금융계좌와 자산 상황이 자동으로 보고된다는 소식을 접했다. 이는 투명한 과세를 위한 각국 조세당국의 노력으로, 한국에 신고된 해외자산의 액수와 해외에서 보고된 액수가 다를 경우 추가과세 등 조치가 따를 수 있다. 홍차장은 2019년부터 시행되는 한국-홍콩 간 계좌정보 자동교환 협정에 대해 알아보고자, 아토즈 컨설팅의 세무팀에 문의하였다.

공통보고기준과
계좌정보 자동교환 협정

공통보고기준(Common Reporting Standard, CRS)은 경제협력개발기구(OECD)가 조세회피를 막기 위해 세금관련 금융계좌정보 자동교환을 위하여 2014년 7월 발표한 것으로, 약 100여 개 국이 사인을 하고 참가하였다. CRS는 금융기관에 요구되는 사안이다. 강화된 실사절차 수행을 통해 국가별로 금융기관의 신규 및 기존 고객의 납세 거주국가를 확인한 후, 고객의 납세 거주국가 세무당국에 금융계좌정보를 보고한다. 이를 준수하지 않는 금융기관은 각국 법령에 규정된 벌금 및 제재 대상이 되므로, 각 금융기관은 강화된 절차를 시행하고 있다. 홍콩의 금융기관은 2017년 1월 1일부터 신규계좌 개설자의 CRS 자진신고를 요구하고 있다.

제1절_ 용어 정리

1. AEOI(Automatic Exchange of Financial Account Information)

금융계좌정보 자동교환협정으로, 협정국(100여 국)의 금융기관이 수집한 금융정보를 각국의 국세청 간에 주기적으로 자동교환하는 내용을 담고 있다. 홍콩도 AEOI의 협정국이며, 2017년 1월 1일~12월 31일 간의 계좌정보를 수집하여 2018년 일본과 영국을 대상으로 자동정보 교환을 시작한다.

2. CRS(Common Reporting Standard)

OECD가 금융계좌정보 자동교환 협정의 시행을 위해 만든 규정으로, 협정국의 금융기관에 부과되는 정보수집 의무 및 규정이다. 이 보고규정에 의거, 금융기관은 계좌 보유자로부터 자진신고(self-declaration) 정보를 수집하고 검증하여 세무국에 전달할 의무가 있다. 이 규정은 금융계좌정보 자동교환 협정을 시행하기 위한 초석으로, AEOI 협정국 간에 상호 교환 협정을 맺은 후, 정보가 교환된다.

3. FATCA(Foreign Account Tax Compliance Act)

미국 세무국이 전 세계 금융기관에 의무적으로 요구하는 규정으로, 미국에 납세할 대상인 개인 혹은 법인의 경우 그 금융계좌 정보를 미국세청에 보고하도록 의무하고 있다. 만약 미국에 납세대상자가 아닐 경우 납세대상자가 아님을 신고해야 하며, 납세자일 경우 납세자 번호를 알려야 한다.

홍콩의 금융기관은 공통보고기준에 규정된 절차로 비거주자의 금융정보를 실사하고, 홍콩의 세무당국에 보고한다. 홍콩의 세무당국은 이 정보를 자동으로 전자문서 형태로 미국의 세무당국에 전송한다. 미국의 세무당국은 미국에 신고된 해외소득 신고가 맞게 이루어졌는지 확인하는 근거로 이 내용을 사용한다.

제2절_ 교환되는 정보의 내용

개인계좌의 경우 계좌주의 이름, 주소, 여권 등의 신상정보, 금융계좌 정보, 이자, 배당, 보험 및 금융소득이 보고되며, 법인계좌의 경우, 수동적 비금융단체가 보유한 금융계좌(50% 이상의 금융소득인 단체)를 보유한 경우, 법인명 및 계좌 잔액이 보고되고, 만일 보고연도에 계좌가 폐쇄되었다면 폐쇄되었다는 사실만 통보된다.

제3절 보고대상 계좌

은행계좌, 생명보험, 자금에 관한 개인 및 법인계좌

제4절_ 계좌 소유자의 의무

계좌 보유자 및 계좌의 실권한 소유자(controlling person)는 계좌를 가지고 있는 금융기관에 세법적 거주국가를 알려줘야 한다. 홍콩의 금융기관은 홍콩 세무국에 해당 계좌의 정보를 제공하고, 홍콩 국세청은 계좌 보유자가 자진 신고한 세법적 거주국가에 의거, 해당 국가의 국세청에 계좌정보를 제공한다. 해당국가의 국세청은 거주자의 해외소득 신고액이 정확한지 확인하는 근거로 전달받은 계좌정보를 활용한다.

제5절_ 한국거주자가 보유한 홍콩계좌의 자동정보 교환 시행시기

2017년 1월 23일 한국과 홍콩이 금융계좌정보 자동교환을 위한 협정에 서명하였다. 정보교환이 이루어지는 시기는 2019년이며, 2018년 1월 1일부터 12월 31일간의 계좌정보가 교환된다.

초기 시행국가인 일본과 영국의 계좌정보 교환은 2018년부터 시작되며, 이는 2017년 1월 1일부터 12월 31일간의 계좌정보 내용을 포함한다. 이를 위해 홍콩의 금융기관은 신규계좌 개설대상에 대해 CRS 규정 소개 및 조세상 거주지에 대한 확인이 의무적으로 시행하고 있다. 기존 계좌 소유주에 대해서는 점차적으로 거주지 확인 실사가 시행된다.

제6절_ 법인계좌

홍콩법인의 계좌잔액은 법인설립지인 홍콩 세무국에 통보된다. 법인의 계좌잔액이 정보교환 내용이다. 예외적으로 배당, 이자 등의 수령을 주 영업활동(매출의 50% 이상)으로 하는 업체의 경우, 25% 이상의 주식을 소유하고 있는 주주의 해당 거주지국에 계좌소유가 통보된다.

제7절_개인계좌

계좌 잔액에 대한 조건 없이 모든 개인계좌의 잔액과 계좌개설인의 인적사항이 세법적 거주지의 세무국으로 자동교환된다.

홍차장은 국제적으로 세금문제로 많은 국가들이 협력하고 있다는 사실에 놀랐다. 홍콩에서의 금융활동이 그대로 한국에 통보된다니 문제가 없도록 잘 관리해야겠다는 생각과 왠지 감시를 당하고 있다는 불안감이 동시에 들었다. 시대의 흐름이 그렇다니 어쩔 수 없이 맞춰가야겠다는 생각과 함께 아토즈 홍콩 컨설팅과의 미팅을 끝냈다.

chapter **11**

홍콩의 생활

홍차장은 홍콩에서의 생활이 어느 정도 자리를 잡았다는 생각이 들어서 한국에 남아 있는 부인과 자녀들을 홍콩으로 불러들이기로 결심했다. 그동안 서비스 아파트에서 생활을 해오던 홍차장에게 홍콩에서 주거를 구하는 것이며, 자녀들이 다닐 학교를 알아보는 것은 완전히 생소한 일이 되었다. 한국에서도 부인이 모든 일을 처리했던지라 어떻게 집을 구하고, 어떤 학교에 아이들을 보내야 할지 앞이 깜깜해졌다.

홍콩의 생활

제1절_ 주택임대

홍콩의 주택임대는 매매 혹은 월세의 형태 밖에 없다. 매매를 위해서는 한국에서 자금 반출을 해야 하는 관계로 절차가 복잡하고 쉽지 않다. 한국에서 구매 대금을 반출하기 위해서는 해외 직접투자 신고를 밟아야 한다. (제3장 제2절 해외 직접투자 신고 참조)

1. 홍콩의 주택 부동산 사정

홍콩의 임대주택 시장은 세계에서도 1, 2위를 다툴 정도로 단위면적당 임대비용이 높기로 유명하다. 이미 미국의 뉴욕, 일본의 동경을 제치고 세계 최고 수준을 유지하고 있다. 특히 2008년 리먼 사태 이후 미국정부의 금융완화 정책에 따라서 페그 연동제를 채택하고 있는 홍콩에서도 동일하게 금리인하가 나타나면서 시장가격은 계속해서 상승했다. 이후 2016년 초 홍콩을 포함한 중국 부동산의 거품에 대한 위기감으로 인하여 일시적으로 매매가, 임대가 모두 떨어지는 경향을 보였으나 2016년 가을 시점 이후 다시 매매가, 임대가 모두 상승하는 경향을 보이고 있다.

계속되는 부동산 가격 인상을 막고자 홍콩정부에서는 2012년 10월에 단기 전매를 막기 위해서 해당 물건에 대해서는 특별인지세(SSD)의 세율을 인상하였고, 홍콩의 영주권을 가지지 않은 구매자에게는 구입자인지세(BSD)를 도입하여 가격상승을 막고자 하였다. 2013년에는 인지세율을 다시 인상시켰다. 이로 인하여 단기적으로 가격상승을 막을 수는 있었으나 장기적인 관점에서 가격상승은 계속해서 이어지고 있다.

홍콩 전체 면적 중 사람이 거주할 수 있는 공간은 대략 절반에 해당하며 홍콩섬, 구룡반도, 신계지역 순서로 단위면적 당 임대가격이 낮아진다. 낮아진다고 하더라고 사이즈를 감안한다면 한국의 강남 3구의 임대가격 수준으로 절반 사이즈를 임대할 수 있다고 보면 된다. 한국인이 주로 거주하는 지역(타이쿠싱, 사이완호(이상 홍콩섬), 침사추이, 홍함(이상 구룡반도))는 홍콩 내에서도 인기가 높은 지역으로 부동산 임대 가격이 높은 지역이다.

임대 물건이 적은 관계로 원하는 시점에 원하는 물건을 고르기도 쉽지 않다. 홍콩에서 가장 확실한 투자상품이 부동산인 관계로 금융 환경이나 사회 환경에 민감하게 반응하여 가격이 변동한다. 매각하기 좋은 시점에 비싼 가격으로 매각하기 위하여 집주인이 임대 자체를 하지 않고 매각 시기를 기다리는 경우도 있어서 예상보다 임대 가능한 물건을 찾기가 쉽지 않은 경우가 종종 발생한다. 거기에 회사에서 주재원으로 파견 나오는 경우에는 회사 내 규정에 따라서 움직여야 하고 보고와 결제의 과정에서 시간이 많이 소비되므로 다른 임차인이 먼저 계약을 해버리는 경우도 종종 발생한다.

2. 임대 물건 고르기

1) 같은 아파트, 같은 동, 같은 사이즈라도 임대 가격은 집주인에 따라서 천차만별로 책정된다. 특히 내부 인테리어, 옵션제공 등에 따라서 가격은 달라질 수 있다. 일반적으로 고층, 새롭게 인테리어를 한 경우, 바다나 강이 보이는 풍경이 좋은 경우에는 같은 조건이더라도 임대료가 높게 책정된다.

2) 부동산 관련 사이트를 활용하여 우선 원하는 지역의 대략적인 시세를 파악해 보고서 부동산과 연락을 취하는 것이 일반적인 순서이다.

   Go Home : www.gohome.com.hk

   28Hse : www.28hse.com

   591 : www.591.com.hk

   Squarefoot : www.squarefoot.com.hk

   부동산은 프랜차이즈형 부동산(센타라인, 리카코프, 미드랜드 등), 지역 소규모 부동산, 한국계 부동산 등으로 구분할 수 있다.

   대부분의 경우 지역 소규모 부동산들의 경우에는 물건을 공유하는 경우가 많으므로 특별한 독점물건 표시가 없는 경우에는 같은 물건을 반복해서 소개받는 경우가 많다.

3) 물건을 볼 때는 다음 항목들을 주의해야 한다.

   a) 주택면적 표시단위는 주로 스퀘어피트(ft², 중국어로 尺)를 주로 사용하며 부동산 물건 표시에는 반드시 실용면적을 표시하도록 법으로 규정하고 있다. 1ft²=0.0928m², 1ft²=0.028평으로 환산할 수

있다. 일반적으로 실용면적은 건축면적의 70% 전후를 차지한다. 클럽 하우스나 공용 시설이 잘 갖춰진 새 아파트들은 실용면적률이 낮다.

b) 홍콩은 아열대 기후로 서향일 경우에는 오후의 일광이 강하기 때문에 가급적이면 서향은 피하는 것이 좋다.

c) 홍콩의 건축물은 외관만 봐서 판단하기는 어렵다. 건축연수가 40년 이상된 물건도 어렵지 않게 찾아볼 수 있으나 인테리어나 공용시설의 개보수를 통하여 깨끗하게 관리되는 물건들도 많다. 따라서 건축연수만으로 판단을 할 수는 없다.

d) 관리인, 출입구 오토록, 인터폰 설비 등 안전면도 확인해야 한다.

e) 클럽 하우스의 유무 및 사용 조건, 서비스 내용 등도 사전에 확인해야 한다.

f) 홍콩은 오래된 물건일수록 수도 시설의 확인이 필요하다. 특히 화장실 변기의 경우 담수가 아닌 해수를 사용하는 아파트가 많기 때문에 문제가 발생하는 경우가 많다. 물이 새는 곳은 없는지 샌 흔적이 천장이나 벽에 없는지 확인해야 한다.

g) 집의 옵션으로 제공되는 가구, 전자제품들 상태를 확인해야 한다. 특히 계약서에 제공되는 옵션 사항을 정확히 명기해야 하며, 필요가 없을 경우에는 옵션의 제거와 임대료의 조정을 요구할 수도 있다.

h) 집 주인이 어떤 사람인지도 매우 중요하다. 임대인이 법인일 경우에는 모든 관계가 까다롭게 흘러갈 가능성이 높으므로 주의를 기울여야 한다. 중국에 거주하는 중국인이거나 외국에 거주하는 홍콩인일 경우에는 물건에 문제가 발생하더라도 적극적으로 대

응을 하지 않는 경우가 많아서 어려움이 있을 수도 있다.

3. 계약 절차

1) 마음에 드는 물건을 발견했을 경우에는 우선 계약금으로 월세의 1개월 치를 집주인에게 지불하고 가계약서를 작성하게 된다. 각종 옵션 사항이나 계약기간 등에 대해서 협의를 하게 되고 이후에 본계약을 체결하게 된다. 본계약으로 이행할 경우 가계약금은 첫 달 치 임대료로 충당되는 것이 일반적이다. 만약 임차인의 사정으로 가계약을 취소하는 경우 가계약금은 페널티로서 임대인이 가져가게 되고 임차인은 부동산 중계업자에게 중계 수수료를 지불해야만 한다. 임대인의 사정으로 가계약을 취소하는 경우 임차인은 2개월 치의 임대료를 돌려받게 된다.

2) 입주 예정일 전날까지 본계약을 체결하게 된다. 월세 2달 치의 보증금(Deposit), 인지세(Stamp Duty), 부동산 수수료(일반적으로 월세의 절반)를 지급해야 한다. 일반적인 임대차 계약기간은 2년이 일반적이나 최근에는 1년 확정, 1년 옵션의 계약이 많은 비중을 차지한다. 계약기간 중에 퇴거를 해야만 하는 경우에는 집주인에게서 페널티에 대한 지급을 요구받는 경우가 발생한다. 따라서 계약서상에 페널티에 대한 부분을 충분히 이해하고서 임대 계약을 체결해야 한다. 경우에 따라서는 계약 잔여기간 전부에 상응하는 월세를 요구하는 경우도 발생한다.

4. 거주 중 문제 발생

거주 중 집에 문제가 발생하는 경우는 일반적으로 집주인과 임차인이 협의를 하여 비용을 분담하는 것이 일반적이다. 부동산이 중간에서 도와주는 경우는 드물다. 일반적으로 전구, 형광등과 같은 소모품은 임차인이 교환을 하는 것이 일반적이며, 설비의 노후 등으로 인하여 문제가 발생하는 경우에는 집주인이 비용을 부담하는 것이 일반적이다. 단, 명확한 규정이 있는 것이 아닌 관계로 책임 소재가 불명확할 경우에는 비용 부담을 둘러싸고 큰 문제로 확대되기도 한다.

집에 문제가 생겨 마음대로 수리를 진행하고 수리비용을 집주인에게 청구하는 경우에 지불을 거절하는 경우가 생기기도 하므로 문제가 발생하면 우선 집주인에게 문제에 대해서 통지하고 처리방법을 협의하는 것이 좋다. 집에 들어가기 전에 특별히 문제가 있을 것으로 예상되는 부분이 있다면 사전에 집주인에게 교환을 요청하여 입주 전에 처리하는 것이 좋다.

5. 재계약의 교섭

계약 만기 2개월 전부터 일반적으로 재계약의 교섭이 시작된다. 갱신 시점에 집의 인테리어나 설비 중 교환의 필요가 있는 경우에는 집주인에게 변경을 요청하게 되고, 주변 임대료의 변화가 있을 경우에는 쌍방이 반영하여 새롭게 조정할 수 있다. 갱신 과정을 부동산 중개업자에게 위탁하여 진행하는 경우 일반적으로는 월세의 25% 정도를 수수료로 지급하게 된다. 임차인의 재계약 요구에 대해서 집주인은 반드시 응할 필요는 없으며, 거절할 수도 있다.

6. 계약 종료

2년 계약의 경우 1년 이상 경과한 시점일 경우 집주인에게 2개월 전에 통보를 하면 계약을 중도 해지할 수 있다. (실제로는 계약서 내용에 따라 진행되므로 계약서를 상세히 읽어봐야 한다.) 만약 임차인의 사정으로 계약을 해지해야 하는 경우 계약서에 명기된 페널티 조항에 따라서 패널티를 지불한 다음 계약을 해지할 수 있다. (일반적으로는 보증금 2개월 치 월세를 집주인이 돌려주지 않는다.)

계약만료 후 집 열쇠를 집주인에게 반납하기 전 집 상태를 가능한 깨끗한 상태로 만들어서 반환하는 것이 일반적이다. 원상복구의 의무가 있는 관계로 임대 기간 동안 파손 등이 발생했을 경우 수리비용 등을 보증금에서 제하고 돌려주는 경우도 있다.

제2절_ 자녀 교육

주재원으로 홍콩에 나오는 경우 나오는 원인으로 크게 작용하는 것 중 하나가 자녀 교육을 위해서 홍콩으로 온다는 케이스를 주위에서 쉽게 볼 수 있다. 홍콩은 중국어(정확히는 광동어)와 영어 공용국가이며, 국제도시답게 여러 국가의 국제학교가 있고, 국제학교, DSS(영어사립), 공립학교 등 다양한 선택을 할 수 있는 곳 중 한 곳이다. 그러나 한편 한국 못잖은 치열한 교육경쟁이 벌어지고 있는 곳이기도 하다.

1. 홍콩의 교육환경

홍콩은 중국으로 반환된 다음에도 국제도시로서의 경쟁력 유지를 위해서 교육제도 발전을 위해서 지속적인 노력을 기울여 왔다. 특히 2009년부터는 학년제도를 변경하여 6.3.3.4제도를 도입하였으며, 대학 입학을 위한 시험(HKDSE)을 도입하였다. 특히 '양문삼어(兩文三語)'를 목표로 언어교육을 강화하고 있다.(문자는 영어와 중국어, 말은 광둥어, 만다린, 영어를 사용)

다양한 환경의 아이들이 모이는 홍콩에서는 다양한 교육의 선택지가 존재한다. 한국 국제학교부터 시작하여, 미국계, 영국계, 캐나다계 국제학교, 로컬 공립 및 사립학교들 가운데서 장래의 계획을 감안하여 학교를 선택하는 것이 가장 중요한 선택기준이 된다.

한국 국제학교는 홍콩섬의 사이완호 지역에 위치하고 있으며, 유치부부터 고등부까지 설치되어 있고, 한국의 국가 교육과정에 기초하여 영어, 중국어 교육을 도입하여 국제적인 면모까지 갖추고 있다.

홍콩에서는 미국계, 영국계, 캐나다계 등 다양한 국제학교를 선택할 수 있다. 홍콩이라는 국제환경 속에서 국제학교를 선택하는 부모들이 늘어나고 있는 추세이다. 그러나 영어 실력이 충분하지 않을 경우에는 입학할 수 있는 학교가 한정적이다 보니 영어를 배우기 위해서 국제학교를 선택한다는 생각은 현실과 부합하지 않는 상황이다. 또한, 각 국제학교별 지역별로 국제학교 입학 시 디벤쳐(채권) 구매 및 학교마다 다른 학비를 잘 따져볼 필요가 있다. 디벤쳐(채권)는 이른바 명문 혹은 인기 국제학교에는 입학 시 디벤쳐(채권) 구매가 필수인 학교들이 있다. 디벤쳐(채권)는 졸업 시 환불 혹은 환불 불가 조건이 있으니, 꼼꼼히 따져볼 필요가 있다. 가격 역시 몇백만 원에서 몇억 원까지 다양하다. 국제학교라도 1년에 약 2000만 원부터 약 7500만 원까지 학비 편차가 큰 편이다. 어릴 때부터 홍콩에서 영어 교육환경에 노출되어 영어능력을 갖추었을 경우에는 선택의 폭이 넓어진다. 대신 한국어 실력이 부족하여 고민하는 부모들을 주위에서 볼 수 있다.

부모 중 한 명이 홍콩사람인 경우에는 홍콩 로컬 학교도 선택지 중 하나가 될 수 있다. 모국어가 광동어가 아닌 아이에게 광동어를 기반으로 운영되는 로컬 학교는 선택지가 될 수 없으며, 영어를 기반으로 운영되는 로컬 학교를 선택할 수밖에 없다.

2. 유치원

홍콩에는 1,000개 이상의 유치원이 있으며, 공립, 사립, 국제, 한국 유치원 등 다양한 선택지가 있다. 대부분 로컬 유치원, 국제 유치원은 9월에 신학기가 시작된다. 입학연령은 일반적으로 3~5세이나 유치원에 따라서 조건이 다른 곳이 있으므로 희망하는 유치원에 사전에 확인할 필요가 있다. 일부이기는 하지만 정부 보조금(HKD1,000~2,000)을 받을 수 있는 유치원도 있다. 유치원 비용은 다양한 유치원만큼이나 비용의 차가 심하다. 월 HKD1,000부터 월 HKD10,000까지 다양하다. 일반적으로 도보권 내의 유치원을 고르나 유치원에 따라서는 스쿨버스를 운영하는 곳도 있다. 유치원의 선택이 아이의 인생을 좌우한다는 홍콩 사람들의 신념에 따라서 유치원의 선택부터 치열한 경쟁이 벌어진다.

1) 한국계 유치원

홍콩 한국 국제학교 내 유치부가 운영되고 있다. 한국인 교사와 외국인 교사의 공동 담임제로 한국어를 바탕으로 한 이중언어 교육을 실시하고 있다. 스쿨버스도 운영을 하고 있다.

2) 로컬 유치원

로컬 유치원은 일반적으로 광동어와 영어로 가르치고 있다. 전일제 유치원은 많지 않으며, 오전 혹은 오후의 반일제 유치원이 많이 운영되고 있다. 기독교 계열, 불교 계열 등 다양한 운영주체가 있는 관계로 운영주체에 따라서 교육 내용도 다양하다. 로컬 유치원의 특징은 유치원 환경의 열악함을 들 수 있다. 번화가 상점 위층, 오피스 빌딩 내 저층, 아파트 내 등 임대료가 비싼 홍콩의 특성상 다양한 곳에 위치해 있다. 한 예로 당사가 현재 위치한 오피스 빌딩 내에도 유치원, 보습학원 등이 들어와 있다. 숙제를 많이 내주는 유치원도 있기 때문에 부모의 도움이 필요한 경우가 발생하기도 한다.

3) 국제 유치원

국제 유치원은 사립 로컬 유치원의 영어 코스, 국제 유치원, 국제학교 내의 유치원 클래스 등으로 구분할 수 있다.

교육 방식에 따라서는 영국식, 미국식 등 국가별 특징 뿐만 아니라 특정 종교색이 강한 곳도 있다. 몬테소리, 슈타이너 방식, IB 교육방식 등을 채용하는 유치원도 있다. 로컬 유치원 영어코스와 국제 유치원은 취학연령 전의 플레이 그룹반을 설치하여 먼저 유치원에 익숙해진 다음 연령에 맞춰서 올라가는 방식이 일반적이다. 그리고 약 1년 정도 다닌 다음 국제학교의 유치원 클래스나 유명 로컬 학교의 부속 유치원의 입학시험을 보는 것이 일반적이다. 계속해서 좋은 환

경의 유치원으로 옮겨 다니는 것이 일반적인 관계로 유치원의 학생
이 계속해서 바뀌는 경향이 있다. 유치원의 선생님이나 직원들도 이
러한 경향에 익숙하여 전학을 다니는 것 자체가 어렵지 않다.

2살 클래스의 입학은 경쟁률이 심하지만 국제학교 유치원에 입학
이 가능해지는 4살 대가 되면서 경쟁률이 낮아진다. 옮겨갈 학생은
이미 옮겨갔고, 남아 있는 아이들도 대기자 명단에 이름을 올려두
고 입학 기회를 노리는 상황이 되기 때문이다.

영어 교육열이 높기는 홍콩도 마찬가지이지만, 최근 만다린도 아
이에게 가르치고자 하는 부모들이 늘어나면서 로컬 유치원의 국제
부나 중국계 국제 유치원의 경우에는 만다린 클래스와 광동어 클
래스로 나눈 다음 영어와 병행 교육을 시키는 곳도 생겨나고 있다.

연령 (만 기준)	한국	미국/캐나다	호주	유럽
4		per-K	Reception	
5		K	Preparatory	Y1
6	초1	G1	Y1	Y2
7	초2	G2	Y2	Y3
8	초3	G3	Y3	Y4
9	초4	G4	Y4	Y5
10	초5	G5	Y5	Y6
11	초6	G6	Y6	Y7
12	중1	G7	Y7	Y8
13	중2	G8	Y8	Y9
14	중3	G9	Y9	Y10
15	고1	G10	Y10	Y11
16	고2	G11	Y11	Y12
17	고3	G12	Y12	Y13

3. 국제학교 (초·중·고교)

홍콩에는 다양한 국가에서 모이는 부모와 함께 홍콩에서 지내는 아이들의 교육을 위해서 정책적으로 국제학교의 도입에 적극적으로 나서왔다. 따라서 다양한 국제학교가 존재한다. 영국계, 미국계, 캐나다계가 주류이며, ESL(영어가 모국어가 아닌 학생을 위한 보충수업) 프로그램을 설치하여 영어가 익숙하지 않은 학생도 입학이 가능한 학교부터 네이티브 수준의 영어 실력을 갖춘 학생만을 받는 학교까지 다양한 학교가 있다. 대부분의 국제학교는 8월이나 9월부터 학기를 시작하여 커리큘럼은 학교마다 내용이 다르다. 과거 영국의 식민지였던 관계로 영국계의 국제학교가 많은 편이다. 과거 영국인 자녀들이 다니기 위하여 만들어진 ESF(English Schools Foundation)는 홍콩을 지역별로 구분하여 초·중·고교를 설치하여 운영하고 있으며, 일부 학교에는 유치원 코스도 설치되어 있다. 입학이나 편입을 위해서는 교장 및 입학 담당자와의 인터뷰를 통해서 영어 실력이 충분한지를 확인하는 한편 편입의 경우에는 테스트를 통하여 학력을 확인하거나 이전 다녔던 학교의 성적을 확인하는 절차를 확인한다. 형제자매 중 재학 중인 학생이 있는지 여부나 국적, 학교의 채권(Debenture) 구입 여부 등에 따라서 입학 우선순위가 바뀌는 등 여러 가지 변수가 있다.

영국계나 국제 바칼로레아(IB)[8]의 커리큘럼을 채용하고 있는 학교의 경우에는 입학 난이도가 높은 편이며, 미국계, 캐나다계는 상대적으로 융통성이 있는 편이고, ESL 프로그램을 설치하고 있는 학교도 많은 편이다.

---

8) International Baccalaureate, 국제적으로 인정되는 대학 입학 자격

1) 초등학교 입학/편입

한국에서 초등학교를 다니던 학생이 홍콩으로 이주하여 바로 국제학교에 들어가는 경우 부모와 아이 모두 영어에 대한 마음의 준비가 필요하다. 네이티브 학생이 많은 학교가 반드시 좋은 것은 아니며 오히려 영어 실력이 부족할 경우 아이가 자신감을 잃고 열등감에 빠지는 경우가 발생할 수 있다. 당연히 모든 수업이 영어로 이루어지며 숙제도 영어로 해야 하는 관계로 초반에는 학생, 부모 모두의 노력이 필요하다. 영어 환경에만 노출될 경우 한국어 및 관련 지식이 부족하여 향후 귀국할 경우 적응에 어려움을 겪을 수 있다. 따라서 가정에 한국어 및 관련 지식을 습득할 환경을 만들어 주는 것도 중요하다. 한국 국제학교와 한인회에서는 한국 토요학교 프로그램을 운영하고 있다.

2) 중/고등학교 입학/편입

중학교, 고등학교 과정에 입학 혹은 편입하는 경우에는 졸업 후의 진로 등을 고려하여 결정을 해야 한다. 학교에 따라서 학습 커리큘럼에 차이가 있어 중점 학습내용이 달라지기 때문에 앞으로의 계획과 지금까지 배운 내용을 고려할 필요가 있다. 자리가 났다고 학교를 바로 결정하기보다는 주위의 경험이나 전문가의 의견을 듣고 종합하여 결정할 필요가 있다.

일반적으로 영국계 학교나 유럽계 학교의 경우 학년이 올라갈수록 학습 내용이 점점 어려워지고 학문적 깊이가 깊어져 가며 시험도 어려워진다. 취득 학점과 성적이 대학 진학의 중요한 결정 요소가 된다. 특히 유럽계 학교의 경우 마지막 1년 동안은 한국의 대학교 1학년 교양과정과 유사한 내용을 학습하는 경우도 있다. 학습 과정이 모두 영어로 진행되는 것을 감안한다면 고등학교 입학/편입보다는 중학교 단계에서 하는 것이 좋다.

미국계 학교의 경우 대학 진학 시 SAT 시험을 준비해야 하는데 상대적으로 중간에 편입을 하는 학생에 대해서도 융통성이 있는 편이다. 학교에 따라서는 ESL 프로그램이 있는 곳도 있으므로 학교 선택 시의 기준이 될 수 있다. 하지만 ESL 프로그램을 조기에 수료하고 빠른 시간 내에 정상 학업 절차를 밟는 것이 좋으며 졸업, TOEFL, SAT 등을 준비해야 한다.

4. 대학

홍콩에는 총 9군데의 대학교가 있다. 홍콩 대학(Hong Kong University), 홍콩 중문대학(Chinese University of Hong Kong), 홍콩 과기대학(The Hong Kong University of Science and Technology), 홍콩 이공대학(Hong Kong Polytechnic University), 홍콩 성시대학(City University of Hong Kong), 홍콩 침회대학(Hong Kong Baptist University), 영남대학(Lingnan University), 홍콩 공개대학(Open University of Hong Kong), 홍콩 교육대학(Education University of Hong Kong)이 있다. 2016 QS 대학평가에서 홍콩 대학(27위), 홍콩 과기대학(36위), 홍콩 중문대학(44위), 홍콩 성시대학(55위)이 100위 이내의 평가를 받을 정도로 높은 교육수준을 자랑하고 있다. 인구 대비 대학의 수가 적은 관계로 입학 가능인원이 적어서 대학입학은 바늘문을 통과하는 것과 같다. 만약 홍콩에서 대학을 진학할 계획이라면 조기에 홍콩의 수험제도를 파악하고 적합한 준비를 해야만 한다. 개별적인 시험보다는 제출한 고교 성적표, HKDSE 성적, 영어 시험 성적(TOEFL, IELTS)을 제출한다. 학교에 따라서는 지망 사유서(에세이) 작성이나 추천장 제출, 인터뷰 등을 진행하기도 한다. 고교 성적이 가장 큰 영향을 미치는 관계로 최소 2년 ~2년 6개월 전에 준비를 시작해야 한다. 국제학교에 다니는 경우 이수 과목을 선택 시 대학의 입시에 반드시 필요한 과목을 고려해서 수료해야 한다. 예를 들어 경제학과나 이공학과의 경우 수학 관련 과목의 이수가 꼭 필요하다.

외국 대학 진학을 생각하더라도 고교의 성적이 가장 중요하다. 국제 바칼로레아 커리큘럼의 학교라면 디플로마 시험의 성적이 중요하고, 북미계 학교라면 GPA가 중요하다. 명문 학교일수록 요구하는 점수대가 높아진다. 그리고 대학의 수업을 따라갈 수 있는 영어 실력이 되는지를 판단하기 위한 방법으로 TOEFL(북미계 대학)이나 IELTS(영국계 대학) 점수도 일정 레벨 이상 취득을 해야 한다. 그리고 미국계 대학에서는 대부분 SAT 성적을 요구하므로 SAT 성적도 중요하다.

5. 유명 국제학교 리스트

Kindergarten		
학교명	홈페이지	위치
Alison's Letterland	www.international-playgroup-kindergarten.com	Causeway Bay, Sheung Wan
Bebegarten Education Centre	www.bebegarten.com	Wong Chuk Hang
Box Hill (HK) International Kindergarten&Preschool	www.boxhill.edu.hk	Ma On Shan, Fo Tan, Tseung Kwan O, Kwai Chung
City Kids Preschool&Playgroup	www.citykidshk.org	Mid-Levels
Discovery Mind Education Organisation	www.discoverymind.edu.hk	Discovery Bay, Tung Chung
Discovery Montessori School	www.dms.edu.hk	Discovery Bay, Central

ESF International Kindergartens	www.esfkindergartens.org.hk	Clearwater Bay, Wan Chai, Tsing Yi, Wu Kai Sha, Tung Chung
Garden House Pre-school & Kindergarten	www.gardenhouse.edu.hk	Clearwater Bay
International College Hong Kong	www.ichk.edu.hk	Tai Po
International Montessori School	www.ims.edu.hk	Stanley, Ap Lei Chau, Sheung Wan, Tin Hau
Island Children's Motessori International Nursery & Kidergarten	www.icms.edu.hk	Tin Hau, Lei King Wan, North Point
International Christian School	www.ics.edu.hk	Shek Mun
Island Christian Academy	www.islandca.edu.hk	Sheung Wan
Leapfrog Kindergarten & Playgroup	www.leapfrogkindergarten.org	Sai Kung
Little Dalton Kindergarten	www.littledalton.com	Pok Fu Lam
Little Montessorian	www.littlemontessorian.com	Causeway Bay
Norwegian International School(Kindergarten)	www.nis.edu.hk	Tai Po
Parkview International Pre-Schoole	www.pips.edu.hk	Tai Tam
PIPS Kowloon	www.pips.edu.hk	West Kowloon
PIPS Rhine Garden Pre-Schoole	www.pipsrg.edu.hk	Sham Tseng
PIPS Rhine Garden International Nursery	www.pipsrg.edu.hk	Sham Tseng
Rightmind International Nursery & Kindergarten	www.rmkg.org	Wong Chuk Hang, Ap Lei Chau
Sai Kung Pre-School Group Limited	www.skip.edu.hk	Sai Kung
Small World Christian Kindergarten	www.smallworld.edu.hk	Mid-Levels
St. Nicholas' English Kindergarten	www.stnicholas.edu.hk	Kowloon Tong
The Southside Kindergarten	www.southside.edu.hk	sRepulse Bay
The Woodland Group of Pre-Schools	www.woodlandschools.com	Tai Tam, Repulse Bay, Mid-Levels, Peak, Happy Valley, Pok Fu Lam, Aberdeen, Kennedy Town, Sai Kung
Think International Kindergarten	www.think.edu.hk	Lam Tin, Ma On Shan, Mei Foo, Kowloon Tong
Tutor Time International Nursery & Kindergarten	www.tutortime.com.hk	Braemar Hill, Mid-Levels, Central, Tai Tam, Kowloon Tong

Primary School

학교명	홈페이지	위치
Beacon Hill School, ESF	www.beaconhill.edu.hk	Kowloon Tong
Bradbury School, ESF	www.bradbury.edu.hk	Wan Chai
Clearwater Bay School, ESF	www.cwbs.edu.hk	Clearwater Bay
Discovery Mind Primary School	www.discoverymind.edu.hk	Discovery Bay, Tung Chung
Discovery Montessori Academy	www.dms.edu.hk	Discovery Bay
Forest House Waldorf School	www.foresthouse.edu.hk	Sai Kung
Glenealy School, ESF	www.glenealy.edu.hk	Mid-Levels
ICHK Hong Lok Yuen	www.ichk.edu.hk	Tai Po
International Montessori School	www.ims.edu.hk	Stanley, Ap Lei Chau, Sheung Wan, Tin Hau
Island Christian Academy	www.islandca.edu.hk	Sheung Wan
Japanese International School	es.jis.edu.hk	Tai Po
Kennedy School, ESF	www.kennedy.edu.hk	Pok Fu Lam
Kowloon Junior School, ESF	www.kjs.edu.hk	Ho Man Tin
Norwegian International School(Primary)	www.nis.edu.hk	Tai Po
Peak School, ESF	www.ps.edu.hk	Peak
Quarry Bay, ESF	www.qbs.edu.hk	Braemar Hill
Sha Tin Junior Schools, ESF	www.sjs.edu.hk	Sha Tin
Think International School	www.think.edu.hk	Kowloon Tong

Secondary School

학교명	홈페이지	위치
International College Hong Kong(Secondary)	www.ichk.edu.hk	Sha Tau Kok
Island School, ESF	www.islandca.edu.hk	Mid-Levels
King George V School, ESF	www.kgv.edu.hk	Ho Man Tin
Sha Tin College, ESF	www.shatincollege.edu.hk	Fo Tan
South Island School, ESF	www.sis.edu.hk	Deep Water Bay
Think International School	www.think.edu.hk	Cheung Sha Wan
West Island School, ESF	www.wis.edu.hk	Pok Fu Lam

Through School (초~중/고)

학교명	홈페이지	위치
American International School	www.ais.edu.hk	Kowloon Tong
American School of Hong Kong	www.ashk.hk	Tai Po
Discovery College, ESF	www.discovery.edu.hk	Discovery Bay
French International School of Hong Kong	www.lfis.edu.hk	Happy Valley, Jardine's Lookout, Hung Hom, Chai Wan
Harrow International School Hong Kong	www.harrowschool.hk	Tuen Mun
International Christian School	www.ics.edu.hk	Sha Tin
Kellett School, The British International School in Hong Kong	www.kellettschool.com	Pok Fu Lam
Kiangsu & Chekiang Intetnational School & College	www.kcis.edu.hk	North Point
Korean International School	www.kis.edu.hk	Sai Wan Ho
Nord Anglia International School Hong Kong	www.nordangliaeducation.com /our-school/hong-kong	Lam Tin
Renaissance College, ESF	www.renaissance.edu.hk	Ma On Shan
Think International School	www.think.edu.hk	Kowloon Tong, Cheung Sha Wan
Yew Chung International School	www.ycis-hk.com	Kowloon Tong

University

학교명	홈페이지	위치
Hong Kong University	www.hku.hk	Pok Fu Lam
Chinese University of Hong Kong	www.cuhk.edu.hk	Ma Liu Shui
The Hong Kong University of Science and Technology	www.ust.hk	Clearwater Bay
The Hong Kong Polytechnic University	www.polyu.edu.hk	Hung Hum
City University of Hong Kong	www.cityu.edu.hk	Kowloon Tong
Hong Kong Baptist University	www.hkbu.edu.hk	Kowloon Tong
Lingnan University	www.ln.edu.hk	Tuen Mun
The Open University of Hong Kong	www.ouhk.edu.hk	Ho Man Tin
The Education University of Hong Kong	www.eduhk.hk	Tai Po

제3절_ 홍콩의 의료환경

홍콩의 의료수준은 비교적 높은 편으로 한국과 비교해서 질이 떨어지는 편은 아니다. 정부의 재정지원하에서 공립병원들은 최신 기자재 등을 도입하고 있으며, 사립병원 역시 최신 기자재, 치료법의 도입을 하고 있다. 의사의 경우 홍콩 내의 의과대학 졸업자 뿐만 아니라 이후 영국, 미국 등의 유학을 통하여 최신 의료를 접한 의사들이 많은 편이다.

홍콩의 병원은 다양한 전문과를 가지고 있는 종합병원부터 소규모의 동네 클리닉까지 다양한 규모가 있다. 공립과 사립으로 나뉘어져 있으며 비용의 차이가 큰 관계로 구분하여 잘 활용을 할 필요가 있다. 진찰을 받기 위해서는 개인정보 등록을 위하여 HKID나 여권이 반드시 필요하다.

홍콩에서는 바로 전문의의 진찰과 치료를 받기보다는 일반의사(주로 내과의사)의 진찰을 받은 다음 전문의를 소개받아서 진찰과 치료를 받는 것이 일반적인 과정이다.

일반적으로 의사들은 환자와의 의사소통을 중시하는 관계로 현재 상황이나 향후 치료방법 등에 대해서 상세하게 설명을 해주는 편이며, 환자가 궁금한 사항에 대해서 질문을 하는 경우에도 친절하게 대응을 해주는 것이 일반적이다. 환자의 중요한 병력이나 약물 알레르기가 있는 경우에는 사전에 병원이나 의사에게 알려주는 것이 양질의 의료 서비스를 받기 위해서 필요하다.

1. 공립 병원

홍콩에 거주하는 사람이라면 누구든지 저렴한 비용으로 공립 의료시설을 이용할 수 있다. 공립 의료시설이라고 하더라도 의료수준 자체는 매우 높으며, 필요에 따라서 최첨단 치료를 큰 비용 부담 없이 이용 가능한 것이 공립 병원의 가장 큰 특징이다. 한국인의 입장에서는 공립 병원의 인상은 한국의 보건소의 이미지가 강하여 의료의 질이 낮다고 생각하기 쉬우나 홍콩의 경우에는 반대로 공립 병원의 질이 사립 병원보다 높은 경우가 많고, 사립 병원의 의사들이 공립 병원의 최신 설비를 임차하여 수술을 하는 경우도 있다.

공립 병원의 단점은 환자의 선택이 한정된다는 점이다. 사립 병원의 경우 예약을 통하여 의사를 환자가 고를 수 있고, 대기 시간이 짧다는 장점이 있으나, 공립 병원의 경우에는 환자의 선택권이 제한되는 경우가 많다. 사립 병원의 10% 이하의 비용으로 동일한 치료를 받는 관계로 상대적으로 제한을 할 수밖에 없는 상황이다. 대기 시간이 매우 길어 일반적으로 몇 시간씩 대기하는 경우가 발생하며, 급하지 않은 수술이 몇 개월에서 몇 년 후에 잡히는 경우도 발생한다.

일반적으로 언어의 문제와 시간의 문제로 공립 병원을 선택하지 않는 것이 일반적이나 응급 상황이나 중병의 경우에는 공립 병원을 이용할 수밖에 없는 상황이 생길 수도 있으므로 주변에 통역이 가능한 사람을 확인해두는 것이 좋다.

2. 사립 병원

많은 한국인들이 일반적으로 이용하는 것이 사립 병원이다. 사립 병원도 동네의 소규모 클리닉부터 시작하여 대규모 종합병원까지 있어서 선택의 폭이 넓다. 종합병원의 경우에는 예약 등을 통하여 원하는 의사에게 진찰을 받을 수도 있으며, 치료방법에 대해서도 환자의 의견을 적극적으로 반영하는 경우가 많다. 일반의사나 전문의나 모두 자기의 클리닉을 운영하는 경우가 대부분이므로 환자가 원하는 곳을 방문하여 치료를 받을 수 있다. 한국은 국가 의료보험제도가 있어서 치료에 있어서 방법이나 사용가능한 약품의 가격이 보험에 따라서 통제되고 있는 관계로 사립 병원의 이용료가 매우 저렴한 편이다. 홍콩은 국가 의료보험제도가 없어서 병원의 의사가 진료 방법을 정하고 치료약을 전적으로 결정할 수 있는 권한을 가지고 있고 치료비 또한 마음대로 설정할 수 있는 관계로 사립 병원의 이용비용은 한국에 비하여 상당히 높은 편이다. 특히 전문의의 경우에는 한 번 치료비만으로도 몇십만 원에 해당하는 비용을 지불해야 하는 경우도 발생하므로 의료비용이 선택의 가장 중요한 기준이 된다.

3. 치과

홍콩의 치과 의사는 Dental Surgeon으로 통칭되는 일반 치과의사와 전문 치과의사로 구분된다. 일반적으로는 우선 일반 치과의사의 진찰을 받은 다음 보다 전문적인 치료가 필요한 경우에 전문 치과의사의 진찰을 받는 것이 일반적이다. 신경치료, 사랑니 제거 등은 전문 치과의사의 진료를 받게 된다.

전문 치과의사에 의한 고도의 치료의 경우 상대적으로 치료비도 고액이 청구되므로 사전에 해당 치료에 관하여 견적을 받아 본 다음에 치료를 결정해야 한다. 홍콩의 경우 국가 의료보험제도가 없어서 병원에서 독자적으로 진료비를 결정할 수 있는 권한을 가지고 있기 때문에 같은 치료를 받더라도 병원에 따라서 지불하는 치료비는 천차만별이 될 수 있다.

제4절_ 은행 개인계좌 개설 및 신용카드

국제금융 도시 홍콩이라는 이름에 걸맞게 거리에는 수많은 은행이 있으며, 집 주위에도 다양한 은행의 지점들이 있어서 선택의 폭은 넓은 편이다. 가장 많이 사용하는 은행은 HSBC, HANG SENG, 중국은행(BOC), 스탠다드차타드(SC), 시티은행(CITI) 등이 있다. ATM의 경우 HSBC와 HANG SENG이 그룹사인 관계로 상호 호환이 되어 사용이 편리하다. BOC의 경우에는 점포 수가 많아 이용이 편리하다. 시티은행은 한국에서 시티은행 계좌가 있을 경우 송금, 환전 등에 있어서 이용이 편리하여 선호한다.

1. 개인계좌 개설하기

최근 전 세계적으로 탈세, 자금세탁 등의 문제가 이슈화되면서 홍콩의 금융 감독관청에서는 은행에 신규 계좌개설 시 계좌주의 실제 사용여부 등을 확인하도록 하면서 계좌개설이 어려워진 상황이다. 실제 홍콩인들의 경우에도 계좌개설이 어려워졌다는 이야기를 자주 하고 있다.

HKID, 여권, 현 주거 주소를 증빙할 수 있는 서류(관공서, 은행, 유틸리티 비용 등의 청구서), 한국 주소를 증빙할 수 있는 영문서류(일반적으로 영문 주민초본, 단 발행일로부터 3개월 내), 재직 증명서를 준비해야 한다. 이사 후 유틸리티를 신청할 때는 부부 각각의 이름으로 분리해서 신청하는 것이 향후 계좌개설 시 주소를 증빙할 수 있는 서류로 활용 가능하므로 좋다.

직장이 있는 한 쪽이 우선 계좌를 개설하고 잔고를 채워둔 다음 소개하는 형태로 나머지 가족의 계좌를 개설하는 것이 좀 더 쉽게 진행할 수 있다.

홍콩 은행들의 경우 잔고의 등급으로 고객을 분류하고 세분화, 차별화된 서비스를 제공하는 것이 일반적이다. HSBC의 경우 일반적으로 잔고에 따라서 3가지 등급으로 분류하여 차별화된 서비스를 제공하고 있으며, 최고등급인 프리미어의 경우에는 별도로 전용 점포에서 개별적인 맞춤형 서비스를 제공하고 있다. 한국과 가장 큰 차이점 중의 하나는 계좌에 최저 잔고를 유지해야 한다는 점이다. 잔고가 은행에서 정한 기준에 미치지 못할 경우에는 매월 계좌 유지 비용으로 일정 금액을 수수료 형태로 가져간다. 그리고 카운터에서 업무를 보는 경우에 수수료가 발생하는 경우가 종종 있으므로 사전에 주의해야 한다. 예를 들어 현금을 카운터에서 일정 금액 혹은 일정 매수 이상 입금하는 경우 수수료가 발생하므로 주의해야 한다. 한국과 달리 예대마진이 거의 없는 홍콩에서는 모든 은행의 유인 서비스는 수수료가 발생한다고 봐야 한다.

2. 수표 사용하기

한국에서 경험하지 못한 금융 서비스 중의 하나가 개인 수표를 발행하는 것이다. 홍콩에서는 각종 서비스 비용 지불이나 개인간의 송금 대신 수표를 발행하여 지불하는 경우가 빈번하다. 따라서 홍콩에서 생활하면서 수표를 발행하는 경우가 발생할 가능성이 많다.

홍콩의 경우 계좌를 개설하면 저축계좌(Saving Account)와 당좌계좌(Current Account)가 각각 개설되는 것이 일반적이다. 수표는 당좌계좌에 들어 있는 돈을 수표를 제시하는 상대방에게 지급하는 형태로 금융거래가 이루어진다. 따라서 수표를 발행하기 전에 당좌계좌에 수표를 발행할 금액만큼의 잔고가 있는지 반드시 확인을 해야 한다. 저축계좌에 아무리 잔고가 많다고 하더라도 당좌계좌에 잔고가 부족할 경우에는 수표가 부도처리가 되며 신용도에 문제가 생길 수 있다.

수표를 발행할 때는 상대방의 계좌명이 반드시 일치해야 하는 관계로 사전에 상대방의 이름 확인이 필수이다. 그리고 지급할 금액을 숫자와 영문으로 기입해야 하는 관계로 영문 숫자표기에 대해서 익숙해져야 할 필요가 있다.

수표를 받아서 계좌에 입금할 경우 현금화까지는 시차가 발생(평균 1일 이상)하므로 기한이 있는 비용을 지불하는 경우 현금화 시점을 감안하여 입금을 해야 한다.

3. 신용카드 발급받기

경제생활에 있어서 필수품인 신용카드를 한국에서 가져온 한국 카드만을 계속해서 사용하기에는 수수료 부담 등 불편함이 여러 가지 있다. 홍콩에서 취업을 하여 일정한 수입이 있는 경우에는 신용카드를 발급받을 수 있으므로 신청을 하는 것을 권한다.

가장 일반적인 과정은 주거래 은행에서 신용카드를 발급받는 것이다. 은행계좌와 연동되어 대금 결제, 발행과정의 번거로움이 없어서 편리하다.

신용카드의 부가 서비스가 한국만큼 많지는 않으나 카드 회사별로 다양한 이벤트, 특별 할인 등을 제공하는 경우가 있으므로 생활하면서 본인의 라이프스타일에 적합한 신용카드를 찾은 다음 신청하는 것이 좋다.

신용카드를 신청하기 위해서는 다음의 자료가 필요하다.

1) HKID
2) 홍콩에서의 소득증명 서류(고용 계약서, 최근 3개월 급여 입금 명세서)
3) 홍콩 거주지 주소증빙 서류(은행 명세서, 유틸리티 비용 청구서 등)

카드 회사에 따라서는 추가 자료 요구나 카드 한도만큼의 예치금을 요구하는 경우도 있으므로 카드 신청 시에 정확한 확인이 필요하다.

제5절_ 한국 영사관

홍콩에 거주하는 대한민국 국적자는 여권의 발급, 사증란 추가 및 각종 신고 및 수속절차를 밟기 위해서는 주홍콩 대한민국 영사관을 통해서 업무를 진행하게 된다.

1. 재외국민등록

'재외국민등록법'에 따라서 외국의 일정한 지역에 계속하여 90일 이상 거주 또는 체류할 의사를 가지고 해당 지역에 체류하는 대한민국 국적자는 재외국민등록을 해야 한다. 따라서 홍콩에 거주하기 시작한 날로부터 30일 이내에 영사관에 재외국민등록을 해야 한다. 이는 유사시에 거주지 관할 공관을 통하여 긴급연락을 취하거나 신변안전 보호를 위해서 꼭 필요한 것이다. 영사관을 직접 방문하거나, 인터넷, 우편, FAX를 통하여 신청이 가능하다. 귀국이나 타국 이주 등 변경 사항이 있을 경우에는 변경 신청서를 영사관에 제출해야 한다.

2. 여권 관련업무

여권의 유효기간 만료나 분실에 따른 재발급, 사증란 추가의 업무 등을 진행한다. 사전에 준비해야 할 자료에 대해서 홈페이지에서 확인을 한 다음 방문하는 것이 좋다.

3. 각종 가족관계 신고

1) 출생신고

출생 후 1개월 이내에 반드시 출생신고를 해야 하며, 지연될 경우 과태료 제재를 받을 수 있다. 홍콩의 생사등기처에서 발행한 출생 증명서와 한글 번역본, 부모의 여권 원본과 사본을 제출해야 한다.

2) 사망신고

사망사실을 안 날로부터 1개월 이내에 반드시 사망신고를 해야 한다. 홍콩의 생사등기처에서 발행한 사망증명서 원본과 한글 번역본, 사망자의 여권 원본, HKID의 원본과 사본을 제출해야 한다.

3) 혼인신고

한국인과 홍콩인이 홍콩에서 우선 혼인신고를 한 경우 한국에도 혼인신고를 해야 한다. 혼인 증명서 발급 후 3개월 이내에 신고가 이루어져야 하며 지연 시 과태료 처분을 받을 수 있다. 결혼 증명서 원본, 홍콩정부 공증을 받은 사본, 한글 번역본, 부부의 여권 원본 및 사본을 제출한다.

4) 이혼신고

양국에 혼인신고가 된 경우 홍콩에서 우선 이혼절차를 밟고 한국에서도 이혼 신고절차를 밟게 된다. 한국에만 혼인신고가 된 경우에는 한국에서만 이혼신고를 진행하면 된다.

4. 영사확인

대한민국의 행정부처에서 업무상 필요로 하는 문서에 대해서는 해당 문서가 관할 구역 내에서 발행되었다는 사실 혹은 영사관을 경유하였다는 사실에 대해서 영사확인이 가능하다.

홍콩정부에서 발행된 문서나 홍콩 내에서 작성된 사문서에 대해서는 영사확인이 불가능하며, 공증 절차를 거친 다음 아포스티유 인증을 받아서 한국쪽에 제공을 해야 한다. (자세한 내용은 제3장 제5절 공증 및 아포스티유 참조)

5. 사서인증

영사관이 당사자가 법률행위 등을 하고 작성한 사문서의 서명날인이 본인의 의사에 의한 것이 틀림없다는 것을 확인하고 그 사실을 증명하여 주는 것이나 내용을 검토하여 사실·여부 혹은 진위를 확인해 주는 것은 아니므로 주의가 필요하다.

6. 재외선거

재외선거에 참여하기 위해서는 투표권을 가진 대한민국 국민이 3개월 이상 해당 지역에 거주할 것이라는 것을 확인하는 재외선거 등록신청을 우선 주홍콩 대한민국 영사관에 해야 한다. 최근에는 국회의원 선거가 주홍콩 대한민국 영사관에서 진행되었다.

7. 주소 및 연락처

주소 : 5F~6F, Far East Finance Centre, 16 Harcourt Road, Admiralty, Hong Kong

香港金鐘夏慤道 16號 遠東金融中心 5-6樓

연락처 : (+852)2529-4141 / 팩스 : (+852)2861-3699

/ 이메일 hkg-info@mofa.go.kr

근무시간 : 월요일 - 금요일 : 09 : 00 - 17 : 30 (한국시간으로 10 : 00 - 18 : 30)

공증 등 민원업무 : 오전 : 9 : 00 - 12 : 00 / 오후 : 13 : 30 - 16 : 30

점심시간 : 12 : 00 ~ 13 : 30

사건/사고전화 : (+852)9731-0092 / (+852)9139-5021

웹사이트 : http://hkg.mofa.go.kr

제6절_ 한국으로의 귀국준비

한국으로의 귀국이 결정되면 시간대별로 반드시 처리해야 할 일들이 있으므로 빠르게 움직일 필요가 있다.

1. 각종 계약의 해지

임대 주택, 각종 유틸리티, 휴대폰, 인터넷 등 계약기간이 남아 있는 계약사항들의 해지를 진행해야 한다. 특히 위약금이 발생하는 계약의 경우에는 우선 현재의 상황과 사유를 이야기하면 내용을 확인한 다음 위약금을 면제시켜주는 경우도 있으므로 한국으로 귀국하는 비행기 표, 회사 내의 발령 관련 서류 등을 준비하여 해지 관련 상담을 받는 것이 좋다. 주택 계약이나 유틸리티 계약의 경우 계약 해지 후 보증금을 수표로 발행해서 지불하는 경우가 자주 있으므로 사전에 계약을 해지하더라고 보증금을 돌려받기 전에 은행계좌를 해지할 경우 돌려받은 보증금을 현금화할 수 없으므로 반드시 현금화한 후 계좌를 해지해야 한다.

2. 관공서 서류 제출

주홍콩 한국 영사관에 재외국민 변경에 따른 변경신청서를 제출해야 한다. 그리고 귀국일로부터 1개월 전까지 홍콩 세무국에 IR56G 양식을 제출해야지만 귀국하기 전 홍콩에서 개인 소득세에 대해서 정리를 하고 떠날 수 있다. 만약 개인 소득세 납부가 기한을 넘기거나 지연될 경우에는 향후 홍콩에서의 문제가 될 수 있다. MPF의 경우 홍콩으로 다시 돌아올 예정이 없는 경우에는 근무기간에 납부한 MPF를 1회에 한하여 전액을 돌려받을 수 있다. 이후 만약 다시 홍콩에서 근무할 기회가 생겨서 다시 MPF를 납부하게 되면 다음 전근 시에는 일시금으로 수령이 불가능하며 규정에 따라서 65세 이후에 수령이 가능해지므로 참고하여 일시금 수령여부를 결정해야 한다.

3. 자녀의 전학 및 편입학 수속

우선 홍콩에서 재학 중인 학교에 귀국 사실을 알리고 재학 증명서, 성적서, 졸업 서류 등 귀국 후 편입학 및 전학에 필요한 서류를 발급 신청한다. 학교에 따라서 장시간을 기다려야 하는 경우도 있으므로 빨리 학교에 통보하고 발급 가능시점에 대해서 상의를 하는 것이 좋다.

귀국 후 한국에서 편입학할 학교를 찾아서 사전에 상의를 하는 것이 좋다. 한국과 홍콩의 학제가 다른 관계로 나이와 다르게 학년이 배정될 수 있으므로 한국쪽의 학교와 이 부분을 정확하게 협의하는 것이 좋다.

4. 이사 준비하기

한국으로 이사를 진행할 업체를 선정하는 것이 우선이다. 주재원의 경우 회사와 계약관계에 있는 업체가 있는 경우도 있으므로 사전에 회사에 이사에 관한 조건을 확인하는 것이 우선이다. Door-to-Door로 이사를 진행해 줄 수 있는 업체를 선정하는 것이 가장 필요하다. 이후 짐을 귀국 후 바로 필요한 짐, 바로 필요 없는 짐, 금방 필요한 짐으로 나눠서 운송방법을 나누는 것이 비용을 절감할 수 있는 방법이다. 한국 세관의 해외이주 시 면세조건을 확인하여 해당 면세조건 충족 여부도 확인해 봐야 할 사항이다.

홍차장은 홍콩법인의 성공적인 안착에 대해서 높은 평가를 받아서 한국본사의 해외사업 관리 이사로 임원 특진을 하게 되었다. 차장직함을 달고 나온 홍콩 주재원 생활을 무사히 마치고 꿈만 같았던 임원 승진과 함께 가족들이 다시 한국에서 생활을 하게 된 것이 너무 기쁘다. 홍콩은 홍차장에게 기회의 땅임이 틀림없었다. 새로 발령받아 나오는 후임 주재원에게는 좀 더 편안한 회사생활과 현지 생활을 할 수 있도록 모든 걸 알려주고 돌아갈 참이다.